"应对气候变化"丛书

杨　琳　主编

气候与环境

——高中生应对气候变化行动

Qihou yu Huanjing

Gaozhongsheng Yingdui Qihou Bianhua Xingdong

气象出版社
China Meteorological Press

内容简介

本书为“应对气候变化”丛书的高中分册。全书从极地、物候、湿地、新能源、责任等多角度出发，阐述了气候变化在多个方面的影响，旨在宣传和普及气候变化知识，动员学生关注气候变化，保护自然环境。各单元从基础知识科普到最新研究进展，由浅入深地介绍气候变化给自然环境和人类社会带来的影响；从活动探究到问题辩论，让学生切身实地地探索气候变化带来的利弊影响。本书对学生了解气候与环境，了解自然、善待自然，掌握气候变化的基本知识，能起到很好的宣传教育和科学普及的作用。

图书在版编目（CIP）数据

气候与环境：高中生应对气候变化行动/杨琳主编
.— 北京：气象出版社，2016.5
（应对气候变化 / 戴剑主编）
ISBN 978-7-5029-6327-9

Ⅰ．①气… Ⅱ．①杨… Ⅲ．①气候变化－环境教育－高中－课外读物 Ⅳ．①G634.983

中国版本图书馆CIP数据核字（2016）第000683号

气候与环境——高中生应对气候变化行动

出版发行：气象出版社
地　　址：北京市海淀区中关村南大街46号　　邮政编码：100081
电　　话：010-68407112（总编室）　010-68409198（发行部）
网　　址：http://www.qxcbs.com　　E-mail：qxcbs@cma.gov.cn
责任编辑：黄菱芳　邵　华　　终　　审：邵俊年
责任校对：王丽梅　　责任技编：赵相宁
封面设计：符　赋
印　　刷：中国电影出版社印刷厂
开　　本：787mm×1092mm　1/16　　印　　张：9
字　　数：130千字
版　　次：2016年5月第1版　　印　　次：2016年5月第1次印刷
定　　价：48.00元

“应对气候变化”丛书编委会

《气候与环境——高中生应对气候变化行动》编委会

序一

在气候变化持续引起社会各界高度关注，并逐渐达成共识，要采取措施一致行动，减缓和适应这一演变趋势的大背景下，“应对气候变化”丛书问世了，为广大青少年理解这一问题的科学内涵提供了通俗易懂的普及性知识。

气候是生态环境系统的重要组成部分，是其中较为活跃、不断变化的因素。我们目前所指的气候变化，并非是指由于受自然因子驱动引起的气候正常变化，而是关注由于人类活动影响而引发的近百年来的以变暖为特征的气候演变趋势。根据各国科学家的研究和分析，认为这一变化趋势总体上会对地球环境和人类生存造成负面影响，包括对粮食安全、水资源安全、生态安全、环境安全、能源安全、重大工程安全、经济安全等都将产生威胁，对人类社会的可持续发展提出了严峻挑战。特别是近年来由于气候变化在全球范围引发的极端天气气候事件和自然灾害的增多，已直接影响到人类的生存安全。保护脆弱的地球生态环境，建设美丽中国，要求我们要自觉地了解自然、珍爱自然，更加积极地保护生态环境，把握气候规律，科学应对气候变化。

我国是受气候变化影响最大的国家之一，在全球气候变暖的大背景下，我国高温、干旱和暴雨洪涝事件频发，登陆台风偏多偏强，极端灾害性天气频繁发生。因此，适应和减缓气候变化，加强气候风险管理，是保障国家经济社会发展和人民生活的基本选择。开展科学应对气候变化的宣传教育显得尤为重要。从青少年抓起，从家庭、学校教育抓起，引导全社会树立科学应对气候变化意识，把科学应对气候变化作为素质教育的重要内容纳入国民教育体系，是广泛动员全民参与科学应对气候变化宣传教育的重要途径。

上海市普陀区教育局十分重视在全区开展“环境教育”和“可持续发展教育”，将气象防灾减灾和科学应对气候变化列为可持续发展教育的主要内容。在上海市气象局、普陀区科协、普陀区环境保护局、嘉定气象局等部门关心下，由普陀区青少年中心牵头，成立了“普陀区学校气象科普教育联盟”，在区内初步形成了“点、线、圈、链、面”有机相连的气象科技特色教育框架、平台，形成了高中、初中、小学和幼儿园应对气候变化教育生态链。

与此同时，普陀区教育局重点建成了曹杨中学“绿色能源”实验室、桃浦中学“数字化地理”实验室、恒德小学“气象科普”实验室、美墅幼儿园“水世界——雨水接收处理器”科技创新实验室。依托学校科技创新实验室，积极开展应对气候变化教育实践，建立了气象科技教育团队，探索学校气象科技教育，在长期的课堂教学基础上，形成了应对气候变化教学课程教案，并不断提炼、打磨。在相关气象专家和教育专家的帮助下，由美墅幼儿园、恒德小学、桃浦中学、曹杨中学的教师共同编写了“应对气候变化”丛书。

“应对气候变化”丛书的出版，首次完善了从学龄前儿童到整个义务教育阶段气候变化教育课程。丛书凝聚了编写者长期教学的经验和心血。编者根据不同年龄段的学生特点，选择了气候变化的相应知识切入。在编写过程中，编者在课堂上进行了试讲并听取学生的反馈，不断改善、提升编写内容。本套丛书知识通俗、语言生动、图文并茂、表现丰富，适用于针对义务教育阶段学生开展课堂课程教学，也可以作学生的课外科技教育读本。

在学校积极开展应对气候变化教育，让更多的青少年学习气象知识，传递生态文明的理念，可以帮助我们将气象知识更好、更广地传递给家庭，传递给社区，传递给社会，让更多的人关注气候变化，关爱周边环境。

古人云：“不积跬步，无以至千里；不积小流，无以成江海。”科学应对气候变化是人类共同的事业，需要每一个人积极行动起来，需要每一个人和家庭贡献出一份力，需要你的绿色生活、绿色生产、绿色消费。你的举手之劳便是实现天蓝、地绿、水清不可或缺的重要举动。

行动起来，让人类的生活环境更优美！行动起来，协同推进人民富裕、国家富强、中国美丽！

中国气象局副局长 许小峰

2016 年 3 月

序二

气候作为人类赖以生存的自然环境的重要组成部分，它的任何变化都会对自然生态系统和社会经济系统产生影响。引起气候变化的原因主要包括自然因子和人类活动两个方面。20世纪中叶以来全球显著变暖，主要是由人类活动引起的。在全球气候变化背景下，高温、暴雨等极端天气频繁发生，这是大自然向人类敲响的警钟！生活在地球上的每一个人，都应该具备保护自然的意识，尽自己的努力，从身边的小事做起，减缓和适应气候变暖的进程。

中国青少年正积极参加环境素养教育、校园节能减排、社区环境宣传等各种活动，用行动支持着政府应对气候变化、节能减排的承诺。上海市普陀区教育局充分认识到应对气候变化的重要性和紧迫性，积极投入到全民应对气候变化行动中，在上海市气象局、普陀区科协、普陀区环境保护局、嘉定气象局等部门关心下，由普陀区青少年中心牵头，成立了“普陀区学校气象科普教育联盟”，以幼儿的绘本教育、小学的实践行动、中学的探究活动、高中的研究项目为载体，编写了“应对气候变化”丛书。

“应对气候变化”丛书共4本，分别针对幼儿、小学生和中学生，主要目的是：帮助学生学习基本的气候变化知识，科学引导学生掌握大气圈、水圈、冰冻圈、生物圈等圈层之间的相互关系，正确认识个人、社会和自然之间相互依存的关系，认识气候变化应对措施的相对价值和有效性，了解公民在保护生态环境、气候环境中应承担的责任和义务，鼓励学生积极行动，并影响家庭和社会，养成节能、低碳、绿色的生产、生活方式。

丛书汇聚了美墅幼儿园、恒德小学、桃浦中学、曹杨中学的师生多年来开展应对气候变化科普教育的实践经验和智慧，科学性、实践性、趣味性皆佳，尤其是实践活动很适合不同层次的中小学生，是非常有特色的气象科普校本教材。这套丛书通过通俗的科学语言普及气候知识，宣传气候变化给自然和人类社会带来的影响，引导读者了解气候与环境，关注气候变化，保护自然环境，对倡导广大青少年做一个有担当、为自己负责、也为后代负责的人，具有十分积极的推进作用。

中国工程院院士 丁一汇

2016 年 3 月

前言

自 20 世纪以来，人类活动对气候的影响越来越大，因而引起了人们对自然环境与气候变化的关注。气候变化对人类与自然环境具有重要影响，由于人类社会与自然系统已经适应了当前阶段的气候，如果气候变化过快，我们将很难应对这些变化。目前，全球气候变暖的事实是毋庸置疑的。政府间气候变化专门委员会（IPCC）研究指出，自 1950 年以来，气候系统的许多变化是过去几十年甚至近千年以来史无前例的，全球几乎所有地区都经历了气候系统升温过程，主要体现在地表气温和海洋温度的上升、海平面的上升、南极冰盖消融和冰川退缩、极端气候事件频率的增加等方面。

气候变化直接引起温度、降水等要素的变化，继而引起水文、生物、土壤等自然地理要素的变化，这些变化导致自然环境的变化和自然灾害的频发以及生态环境的破坏。气候变暖使降水分布不均匀性将更为显著，干旱和暴雨灾害增多，进而影响到农业生产。此外，气候变暖导致的海平面上升，使得沿海地区面临可能被淹没的危险，还造成沿海地区洪水泛滥、海岸线被侵蚀、咸潮入侵等严重问题。气候变化影响到了动植物生活的树林、湿地，改变了它们的地理分布，造成了生物多样性的减少，使得濒危物种灭绝的可能性大幅升高。气候变化对自然环境的影响是多尺度、全方位、多层次的，通过了解气候变化，有利于我们保护自然环境，营造人与自然和谐共生的绿色未来。

本书旨在普及和宣传气候变化知识，动员全社会关注气候变化，保护自然环境。全书从极地、物候、湿地、新能源、责任等多角度出发，阐述了气候变化在多个方面的表现形式。各单元从基础知识科普到最新研究进展，由浅入深地解释气候变化对自然环境和人类社会带来的影响；从探究活动到问题辩论，让学生切身实地地探索气候变化产生的利弊。本书对学生了解气候与环境，了解自然、善待自然，掌握气候变化的基本概念，能够起到很好的宣传教育和科学普及的作用；对提高学生的环境素养，使他们成为一个有责任、有担当、为自己负责、也为后代负责的人，具有十分积极的推进作用。

本书共分6个部分。概述简要介绍了天气和气候的区别以及气候变化的含义。第一单元详细介绍了极地地区受气候变化的影响，以及我国在极地地区的科学考察。这两部分由傅一笑、管梅芳编写完成。第二单元主要介绍了物候的基本概念与主要应用，分析了物候对于气候变化的响应过程，由庄婧宜编写完成。第三单元主要介绍了自然湿地与人工湿地系统的生态结构及功能，详细分析了湿地系统与气候变化的关系，由张明晓编写完成。第四单元分别介绍了太阳能、风能等新能源的发展情况，指出新能源对自然环境保护起到的积极作用，由袁胜轶编写完成。第五单元从国际应对气候变化的政治背景出发，详细介绍了各个国家应对气候变化的政策方案和进程，强调了应对气候变化的责任意识，由兰银飞编写完成。

本书的编撰与出版得到了上海市气象局，中国极地研究中心，上海市曹杨中学地理、生物、物理、政治组老师的大力支持，也得到了所有参与指导的教授和专家的热情协助，他们在百忙之中认真审阅本书，并提出了宝贵的意见。在此，谨向他们表示衷心的感谢！

气候变化是一门交叉性很强的学科，由于其中理论的复杂性，本书所编写的内容有所局限，同时限于编者水平，书中不足与疏漏之处在所难免，敬请广大读者指正。

目录

第二单元　大自然的语言——物候

第三单元　地球之肾——湿地

第四单元　开发利用新能源

第五单元　应对气候变化的责任与贡献

概述

【科普知识】

一、地球大气层、天气和气候

2012 年 1 月 23 日，美国宇航局就利用阿波罗号宇宙飞船在距离地球 2.8 万英里[①]的距离对地球进行了写真拍摄，照片中的地球十分“耀眼”，在一望无垠的黑色宇宙衬托下，就像一颗璀璨发光的蓝色大理石球体一样吸引人。

地球被一层很厚的大气包围着，大气层的成分主要有：氮气，占 78.1%；氧气，占 20.9%；氩气，占 0.93%；还有少量的二氧化碳、稀有气体（氦气、氖气、氩气、氪气、氙气、氡气）和水汽。大气层的密度随高度增加而减小，越往高处空气越稀薄。我们从平原地区去往高原的时候会感觉缺氧，就是因为高原的空气比平原稀薄。地球大气质量的 50% 集中在离地面 6 千米以下的低空，99.9% 集中

从太空看地球
（图中蓝色代表的是海水，白色代表的是云）

① 1 英里≈ 1.6 千米，下同。

在离地面 50 千米的高度内，但大气层并没有确定的上界，因为大气密度是随着高度的增加而呈指数减少，并逐渐过渡到星际空间的。如果以极光或者流星辉迹出现的高度定义为大气层上界的话，其高度在地表面以上 1000 ~ 1200 千米；如果按照现代卫星运行轨道衰减的速率推测，大气层上界的高度为 2500 ~ 3000 千米。地球大气在垂直方向呈明显的层状分布。按大气温度的垂直结构，可把大气分为对流层、平流层、中间层、热层和外逸层。其中，对流层位于大气的最底层，这一层集中了大气几乎全部的水汽，主要的天气现象和过程都集中在这一层。风云变幻的大气是地球物质循环和能量转换的重要载体。

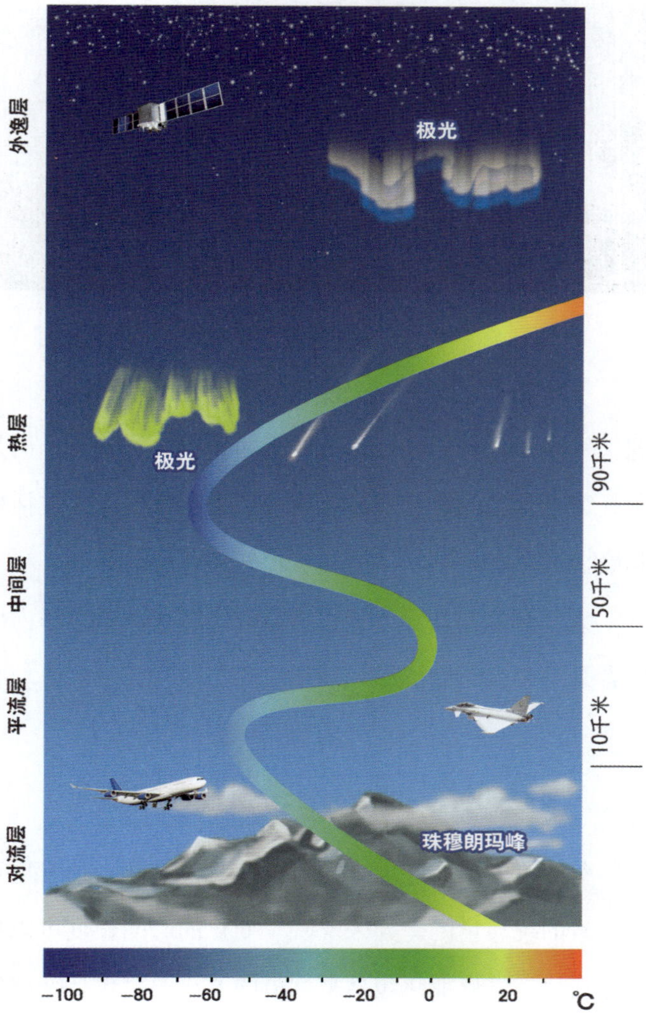

大气分层示意图

天气是指某一瞬间或某一时段内大气中各种气象要素（如气温、气压、湿度、风、云、降水、能见度等）的空间分布及其伴随现象的综合状况。

天气

气候是指以对某一个地区气象要素进行长期统计为特征的天气状况的综合表现。气候的含义不只是几个要素的简单平均状态，而是热量、水分和空气运动的大气综合状态的统计特征，既包括平均状况，也包括各种可能状况的概率分布及其极端状况。

天气和气候的概念要区分清楚，前者是短时间内出现的，并且有多变的特点；后者是一个长时间的统计状况。

二、气候变化

气候变化是指长时期内气候状态的变化。通常用不同时期的温度和降水等气候要素的统计量的差异来反映。变化的时间长度可以从最长的几十亿年至最短的年际变化。气候变化包括平均值的变化，也包括变率的变化。气候变化一词在政府间气候变化专门委员会（IPCC）的使用中，是指气候随时间的任何变化，无论其原因是自然变率，还是人类活动的结果。这有别于《联合国气候变化框架公约》中的用法。在公约中，气候变化是指“经过相当一段时间的观察，在自然气候变化之外由人类活动直接或间接地改变全球大气组成所导致的气候改变”。

工业革命以来，全球气候正在经历一次以变暖为主要特征的显著变化。这一变化与人类活动，如能源生产消费活动、毁林等土地利用变化所引起的大量温室气体增加密切相关，对人类赖以生存的自然环境和经济社会的可持续发展产生了深远的影响。

人类活动导致温室气体增加

【资料推荐】

1. 中国气候变化信息网 http://www.ccchina.gov.cn/index.aspx

2.《全球变暖》（第四版）

本书作者 John Houghton 是前剑桥大学教授和英国气象局局长，曾任 IPCC 第一工作组主席和共同主席。全书内容涵盖了全球变暖的基本科学知识以及全球变暖对人类社会、生态系统、经济、技术、伦理、国家和国际行动中的政策选择等方面的影响，重点是告诉读者：最近频繁发生的极端天气和气候事件与气候变化有什么联系？是否有更多的证据支持现今的气候变化主要是由于人类活动引起的？全球的电力供应、交通运输等能否实现低碳或者无碳能源？全书内容全面、通俗易懂，为学生、专业人士以及对全球变暖问题感兴趣的人提供了前沿、可靠、准确的信息。

3.《气候变化再审视——非政府国际气候变化研究组报告》

本译著从全球气候模式及其局限性，强迫与反馈，古气候与近期气温，冰冻圈、海洋动力学及水文学观测与预测，极端天气观测与预测，陆地动物，陆生植物与土壤，水生生物，对人类健康的影响，对经济与其他政策的影响等 10 个方面，较为全面地介绍了非政府国际气候变化研究组（NIPCC）组织撰写的《气候变化再审视》2009 年和 2011 年报告的主要观点，以大量的气候变化实例和研究案例，介绍了不同于 IPCC 评估报告主流科学观点的研究认识与结论。

4.《大迁移：气候变化与人类的未来》

对千千万万物种赖以生存的地球家园来说，气候变化无疑是一道催命符。

本书作者系资深新闻记者，他历尽艰辛，万里行程，足迹遍布欧洲、亚洲和非洲。从达尔富尔种族屠杀到北极圈冰川融化，从佛罗里达珊瑚礁群死亡到沿海岛城深陷萧条，从卡特里娜风灾到新奥尔良保险费用激增，从意大利海龟生态恶化到发达国家移民风潮……他通过对过去、现在、未来事件的深入探访，

以及对气候灾难现场的第一手报道，向我们揭示了气候变化的影响已经超越环境与天灾，正在彻底改变人类的生活方式。保险业、酿酒业、航运业，就连公共卫生、地方选举等，都和气候变化脱不了关系。

气候变化并非遥不可及的明日之事，而是息息相关的切肤之痛。如果不思改变，我们终将自食恶果。

第一单元

终极之地——极地地区

【科普知识】

一、独特的极地

南极、北极和青藏高原素有地球三极之称。极地通常指的是南极和北极。其中南极地区泛指位于南纬 60° 以南地区，包括南极大陆、亚南极岛屿和环绕南极大陆的南大洋，是一块被海洋包围的冰雪大陆；而北极地区通常指北纬 66° 33′ 以北地区，包括北冰洋边缘陆地海岸带及岛屿，是一片被大陆包围的冰雪海洋。

南极和北极分别位于地球的南、北两端，是地球上的气候敏感地区，也是多个国际科学计划研究全球气候变化的关键地区。南极、北极是地球气候系统的重要单元，包含了大气、海洋、陆地、冰雪和生物等多圈层相互作用的全部过程。

南、北极所处的特殊的地理位置，特有的生态、气候和自然环境变化，在全球变化，尤其是在全球及区域气候变化中有重要作用。它们就像是两个巨大的空调冷凝器，不断地对全球热平衡进行调节，并对全球气候产生巨大的影响。

（一）南极地区——冰雪大陆

南极洲由南极大陆及其附近的岛屿组成，绝大部分位于南极圈内。南极点就位于南极大陆的中部，这里是地球上最南面的陆地。通常所说的南极地区包括南极洲及其周围的海洋。南极地区是一个冰雪世界。南极大陆周围海域每年有 9 个月被海冰封锁，绝大部分陆地更是常年被冰雪所覆盖。南极大陆冰川的平均厚度为 2000 米，最大的厚度超过 4800 米。南极大陆的冰占世界冰量的 90%。如果南极大陆的冰川全部融化，世界洋面将升高 50 ~ 70 米。

南极大陆平均海拔 3000 多米，是世界上最高的大陆，但这个高度是在南极大陆冰川面上测得的。假如南极大陆上没有厚厚的冰川，那么南极大陆的平均海拔在七大洲中，只能列第五位。

南极景观

想一想：如果全球气温不断升高，引起南极大陆冰川大量融化，会对南极的气候及企鹅的生存环境造成什么影响？将会对上海市造成怎样的影响？

（二）北极地区——冰雪海洋

北冰洋绝大部分位于北极圈以内，一年中有漫长的极夜，使得北极地区获得的太阳辐射量很少；夏季北冰洋冰层产生强烈的反射辐射，海冰融化需要消耗大量热量……种种原因致使北冰洋全年的气温都很低。在冬半年，即每年11月至第二年的4月，除去挪威海和巴伦支海因受大西洋暖流及冰岛低压附近东进的温暖气旋影响，平均气温略高0 ~ 6 ℃，其余绝大部分海域的平均气温为 -40 ~ -20 ℃。

北冰洋表层广覆着大量的海冰。据统计，北冰洋冬季海冰最大的覆盖面积为 1140 万平方千米，约占总面积的 77.3%；暖季海冰的覆盖面积为 700 万平方千米，约占总面积的 47.5%。

北冰洋的海冰按其地理位置，可分为岸冰、当年浮冰和北极冰丛三类。岸冰及当年浮冰主要分布在亚欧大陆北岸的边缘海，夏季大部融化。北极冰丛由巨大冰块组成，一般冰块表面平坦或呈波状。在北冰洋还分布有冰山和冰岛，它们是由岛屿上的冰川、冰盖和冰棚滑落入海而形成的。

北极景观

二、敏感的两极

近年来的监测与研究表明，全球气候变暖引起大气、海洋、陆地、冰冻与生物等圈层发生了不同程度的深刻变化，而对这种变化反应最快速的地区就在南北两极。因为两极地区不仅储存了全球97%的冰雪量，而且有着大面积的海冰。气候变暖将引起海冰消融，导致海冰面积减少、无海冰面积增大、反照率降低，导致两极吸收更多的热能，加大了对大气的热贡献率，这又加速了两极冰雪融化的速率与过程，从而形成了全球增温的正反馈作用。

（一）南极的快速变化

1. 湖水加深

在南极洲的一些湖泊，人们发现了一些南极气候变暖的证据，可作为全球短期气候变化的指示信息。位于新西兰斯科特南极考察站附近的范达湖，其水深有75米，而近年来的考察发现，该湖夏季的水深平均每年增加约1米。虽然还没有十分清楚的证据说明该湖泊水位增高或水量增多与全球气候变暖之间的量化因果关系，但南极6个湖泊的监测数据指出，湖泊上表层冰在过去的10年中变薄了近40%，这足以说明湖泊水量增多的来源。南极地区的其他湖泊近些年来夏季的水位较早些年间也有所增高。

2. 企鹅减少

自20世纪70年代以来，由于海洋和空气温度的增高，阿德利企鹅的数量明显下降，帽带企鹅群也有所减少。1989年以来，在西南极乔治王岛上，帽带企鹅和阿德利企鹅数量分别下降了35%和40%；在亚南极坎贝尔岛上生活的喜石企鹅数量也减少6%～10%。从1940年至今，许多企鹅由于数量锐减已直接影响到种群的繁衍生殖。对于上述企鹅种群数量减少的原因，研究表明主要是由于气候变暖导致海冰减少，海藻与浮游植物减少，导致在冬季供南极磷虾幼体生存的初级食物源减少，从而使得以南极磷虾为主食的南极企鹅、鸟类和须鲸类的减少。

南极企鹅

3. 植物种类增多

据英国科学家的研究，南极大陆本地草本植物原本仅有两种，即南极珍珠植物和南极茸毛草，它们随着全球变暖迅速增生，夏季的生长周期也明显变长。在西南极洲的加利迪岛上，茸毛草的量相较与 20 世纪增长了 25 倍。在冰雪融化的无冰地区，新种类植物开始出现，且向较远距离传播种子。一些科学家还注意到，过去 40 年中，在南极洲沿海岸的植物发育区内，也新生长了不少草本植物，这与夏季气温增高，冰川和冰盖在沿海岸地区变薄融化有关，也与冰区退缩露出新的土地有关。

（二）北极的快速变化

1. 海洋水文特性的变化

在过去的 20 ~ 30 年里，北极海洋的水文特性发生了明显的变化。北冰洋是位于地球最北端的大洋，通过弗拉姆海峡及加拿大群岛与大西洋沟通，通过白令海峡与太平洋沟通，是北大西洋与北太平洋海水汇合的地方。北太平洋海水盐度、温度相对较低，而北大西洋海水的盐度与温度相对较高，蒸发也强于北太平洋，因此水汽从北大西洋上空向北太平洋上空迁移，而北太平洋的低盐水通过北冰洋流向北大西洋。如果没有这种循环，地球上的气候将有很大的不同。北冰洋与周边大洋的水交换状况对北极区域的热平衡状况与气候影响极大。以往的研究表明，大西洋海水主要分布在欧亚海盆一侧，而太平洋海水则集中于加拿大海盆，二者之间的交界面大致在罗蒙诺索夫海岭一线。伴随着近几年北冰洋环流系统的改变，这一交界面的位置已经发生东移，到达门捷列夫海岭和阿尔法海岭一线，使马卡罗夫海盆上层水体由原来的太平洋海水控制转变为大西洋海水控制。

2. 气温和降水的变化

地球的极区和近极区的气温对气候变化具有特殊的敏感性。美国的气候学家综合不同的气象卫星资料获得了1981—2001年期间整个北极地区在辐射增暖期间地面温度变动曲线，研究结果表明，在这20年间，北极气温增暖速率大约是过去100年的8倍。

北极地区的快速升温与海冰面积减少、反照率降低有关。反照率的降低使夏季海洋和地表吸收的热量增加，这些存储在海洋和地表的多余热量将会在冬季释放回大气，导致冬季温度的增加。

伴随着海冰的减少和气温的升高，环北极区域的降水也呈现明显增加的趋势。对北极地区降水观测数据的分析以及模式的模拟工作都表明，北极地区的降水由20世纪40年代以前偏少的状态逐渐转为偏多，这可能与海温或二氧化碳的变化有关。

北极地区的变暖趋势也引起了一些极端天气的出现。1998年，阿拉斯加的巴罗地区观测到从1880年以来最暖的年平均温度；20世纪90年代，北极地区冬季所观测到的低于–40 ℃的天数比20世纪50年代减少了一半；1952—1989

年期间在北极地区出现气旋或反气旋的频率明显增加，同期的年降雪量在加拿大北部（北纬 55°）增加 20%，在阿拉斯加增加 11%。

3. 海冰快速退缩

北冰洋表面最明显的特征是覆盖着海冰。9 月海冰面积为全年最小，3 月最大，海冰覆盖面积的年变化和区域变化主要受大气环流、大洋环流的影响。

研究表明，自 20 世纪 50 年代以来，北极海冰覆盖范围持续退缩，而且在最近的 30 几年中海冰退缩速度明显增快。根据美国国家航空航天局（NASA）与美国国家冰雪数据中心（NSIDC）的研究数据显示，2016 年 3 月 24 日，冬季北极海冰达到年度最大值，覆盖面积为 1452 万平方千米，但这却是自 1979 年有卫星记录以来的最小值，这个数值比 1981—2010 年冬季北极最大海冰覆盖面积的平均值减少了 111.6 万平方千米，比 2015 年冬季北极最大海冰覆盖面积减少了 2 万平方千米。北极海冰夏季的退缩比冬季显著，英国 Hadley 气候预测与研究中心的数值模拟结果表明，如果按照目前的趋势发展下去，到 21 世纪中末期，北极夏季的海冰可能完全消失。

在全球变暖的大背景下，北极海冰的厚度也发生了明显的变化。与 1958—1976 年比较，20 世纪 90 年代中期（1993—1997 年），北极海冰的平均厚度变薄了约 1.3 米。

查一查：根据你的了解，南极和北极还在发生哪些变化？

三、极地的保护

（一）南极的保护

南极的臭氧层“空洞”最为严重，但目前还没有统一的解释。为保护它不再受到破坏，1959 年 12 月 1 日，美国、苏联、英国、法国、日本、比利时、挪威、新西兰、澳大利亚、阿根廷、智利和南非等 12 个国家在华盛顿签订了《南极条约》。该条约主要内容是南极的利用只限于和平目的，促进科学考察中的国际合作，禁止进行一切军事活动和任何核爆炸或处理放射性废物等。我国于 1983 年 5 月 9 日加入《南极条约》组织。《南极条约》的签署，对缓和有关国家对南极的领土纷争，促进各国在南极考察方面的合作，发挥了重要作用。

（二）北极的保护

在北极地区，人们为生活在北极的动植物确定了专门保护区。1973 年，美国、加拿大、丹麦、挪威和苏联签署了《北极熊及生境养护国际协定》。该协定的预定目标是保护北极熊的生态环境，特别是它们的排便和觅食区域及迁移线路。根据协定规定，用飞机和摩托艇狩猎北极熊是严令禁止的。

但是，应当看到的是，北极地区并没有建立较为严格的国际规则。鉴于北极地区对地球环境的影响和对人类生存发展的重要意义，为了全人类的利益，北极地区应当制定类似《南极条约》的更严格的国际规则。

北极熊

查一查：除了以上介绍的极地的保护措施，国际社会还采取了哪些方式来保护人类的终极之地？

四、中国的极地科学考察

目前，全球变化的种种信号告诉我们，地球两极的白色世界虽然遥远，但与我们生活的绿色世界息息相关。近30年来中国的南北极实地科学考察研究取得了较大进展。

1984年5月24日，我国首次派出南极考察队，从此开始了“为人类和平利用南极做出贡献”的极地探索。

1985年2月，中国南极长城站建立，位于乔治岛南部（62° 12′ 59″ S，58° 57′ 52″ W），开创了中国南极科学考察研究的新纪元。

中国极地科学考察

1989 年 2 月，中国南极中山站建立，位于南极大陆拉斯曼丘陵（69° 22′ 24″ S，76° 22′ 40″ E）。

1999 年中国首次对北极北冰洋进行综合考察。

2004 年，我国第一个北极科学考察站——中国北极黄河站建立，位于挪威斯匹次卑尔根群岛的新奥尔松（78° 55′ N，11° 56′ E），揭开了中国北极科学考察研究的新篇章。

到 2010 年底，作为国家行为，中国共组织了 27 次南极考察、4 次北极北冰洋考察和 7 次北极陆地考察。在极地建立了 4 个科学考察站，5 个中澳、中美合作自动气象站，初步形成了以有人考察站、无人自动气象站和雪龙号科学考察破冰船为主体的极地科学考察研究硬件支撑体系。中国正在由一个极地考察的大国快速向极地考察强国迈进。

中国极地科学考察

查一查：长城站和中山站的建立时间为什么都选择在 2 月，需要考虑哪些因素？

【探究活动】

影响海冰反照率的因素及其之间的关系

1. 活动说明

一个物体对于某一波长反射辐射量与入射辐射量的比值叫反射率，各波长反射率的积分就是反照率。地球上，积雪和冰面覆盖了地球表面很大部分面积，尤其在极地区域，相对其他自然地表，冰雪表面对太阳辐射具有较高的反照率，使入射的太阳辐射能量仅有很少部分被冰雪覆盖区域所吸收。地球表面反照率的细微变化，会影响到地—气系统的能量平衡，进而引起气候变化。

海冰对极地气候变化极其敏感，海冰范围及相关物理性质的变化将引起区域地表反照率变化，从而对气候变化产生正反馈效应。例如：通常海水表面反照率仅为 10% ~ 15%，而海冰表面在有新雪覆盖的情况下，其反照率可以达到 90%。此外，海冰表面反照率还取决于其自身的状况，如温度、海冰厚度、冰间水域的面积等。

2. 活动工具

日射强度计或者便携式光谱辐射仪、极地中心提供的海冰样本。

3. 活动步骤

（1）查阅相关资料，确定至少 3 个影响海冰反照率的研究指标。

（2）学习并掌握日射强度计或者便携式光谱辐射仪的使用方法，以测量海冰的反照率。

（3）设计实验，研究各个指标对海冰反照率的影响。

4. 分析与结论

根据活动结果，海冰的反照率与哪些因素有关？有怎样的关系？

想一想： 北极海冰曾经在2007年9月出现历史最低值，而我国南方于2008年春节前后发生了低温雨雪冰冻灾害。因此有人分析认为是海冰融化导致北极地区吸收热量更多，从而造成了极端天气的形成。但有专家辩驳，近几十年来，在北极海冰融化、面积减少的同时，南极海冰有增加的趋势，如果“北极海冰减少导致极端天气、降雪和严寒频发”成立的话，在南半球就应有相反的结果，而实际上此种情况并未出现。你怎么看？

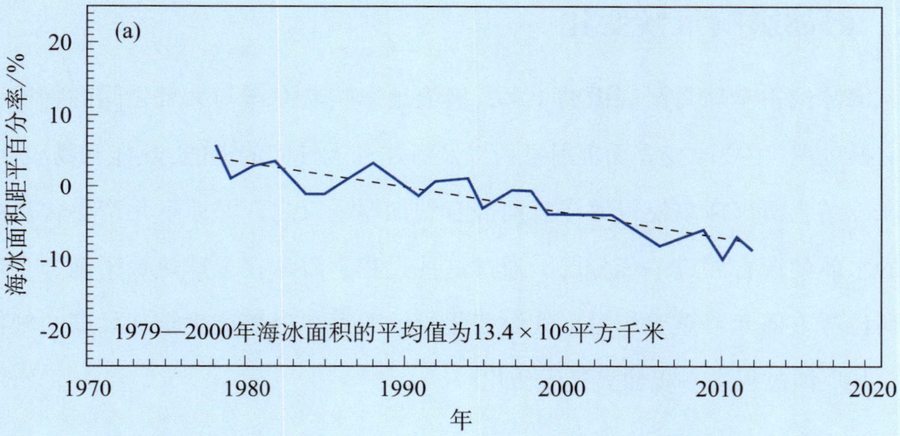

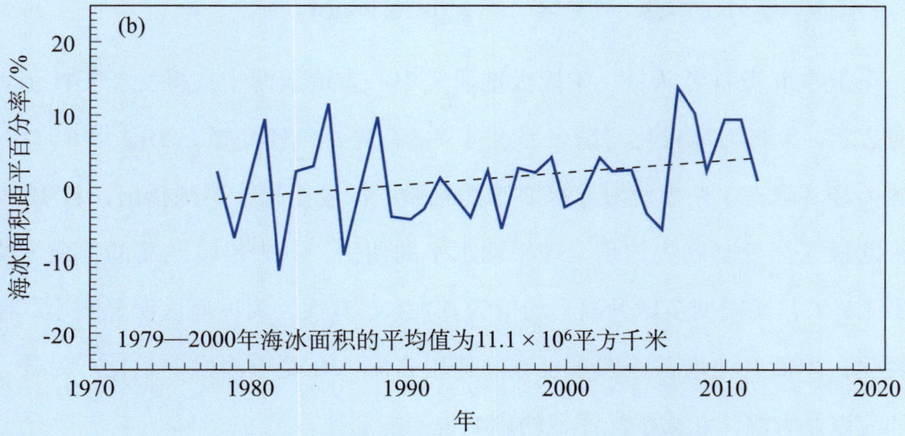

近30年北极（a）和南极（b）海冰面积的变化

【拓展阅读】

一、中国极地考察区范围[①]

南极考察区域范围：长城站区、中山站区、南大洋、普里兹湾、环南极航线、布兰斯菲尔德海峡、南极中山站—冰穹A断面、冰穹A地区、格罗夫山地区。

北极考察区域：白令海、楚科奇海、加拿大海盆、波弗特海和北极黄河站区。

二、海冰影响气候变化

海冰约占全球海洋表面的10%，极大地影响着海洋与大气之间的物质、能量交换过程，主要改变表面辐射平衡以及海洋和大气间的动能、热能和物质交换。海冰冻结会析出卤水使得海洋表面混合层加厚；反之，海冰融化产生含盐度较低的水体使混合层进一步分层。通过这些过程，海冰在全球热量平衡、全球温盐环流等方面起着重要作用。气候变化导致的海冰退缩产生全球尺度的气候影响，其反馈过程进一步加大气候变化。

三、北极海冰快速“瘦身”有哪些原因[②]

第五次北极科考队员、中国极地研究中心雷瑞波博士在接受新华社记者专访时表示，北极海冰融化与诸多因素有关。首先是气候变暖。2012年6月中旬，英国《经济学人》杂志就对北极海冰消融做了深度报道，明确指出，自1951年以来北极气候变暖趋势约是全球平均水平的两倍，其中格陵兰岛的气温平均升高了1.5 ℃，而同期全球升温平均值为0.7 ℃。其次，海冰厚度明显减小、冰龄年轻化、冰面融池增多等因素也会加速更多海冰在夏季消融期融化。另外，大气环流以及大西洋和太平洋洋流的影响也不能忽视。

---

① 资料来源：中国极地研究中心。

② 资料来源：新华网，http://news.xinhuanet.com/tech/2012-09/07/c_123685085.htm。

可以说，北极海冰正在经历“根本性的改变”，雷瑞波进一步解释说。作为此次北极科考海冰组负责人，雷瑞波发现，北极过去常被多年冰主导，而现在变成了更多季节性海冰。“‘雪龙’船返航途中，北冰洋欧亚大陆扇区和太平洋扇区的海冰边缘线退缩至北纬80°，这意味着这个纬度以南的海区来年只能出现季节性海冰。”他说。

雷瑞波表示，北极海冰面积显著下降一直被认为是气候变化的强烈信号，会影响北极地区和全球的气候。若全球变暖持续，未来10至30年，北冰洋海冰将进一步“瘦身”。然而受诸多复杂因素影响，北冰洋海冰面积的年最低值可能会发生较大波动。

想一想：海冰减少为何影响全球气候?

【资料推荐】

1. “极地之门”网站 http://www.polar.org.cn/index/

中国极地研究中心是我国极地科学的研究中心，是“国家海洋局极地科学重点实验室”的依托单位，主要开展极地雪冰—海洋与全球变化、极区电离层—磁层耦合与空间天气、极地生态环境及其生命过程以及极地科学基础平台技术等领域的研究；建有极地雪冰与全球变化实验室、电离层物理实验室、极光和磁层物理实验室、极地生物分析实验室、微生物与分子生物学分析实验室、生化分析实验室、极地微生物菌种保藏库和船载实验室等实验分析设施；在南极长城站、中山站建有国家野外科学观测研究站，是开展南极雪冰和空间环境研究的重要依托平台。

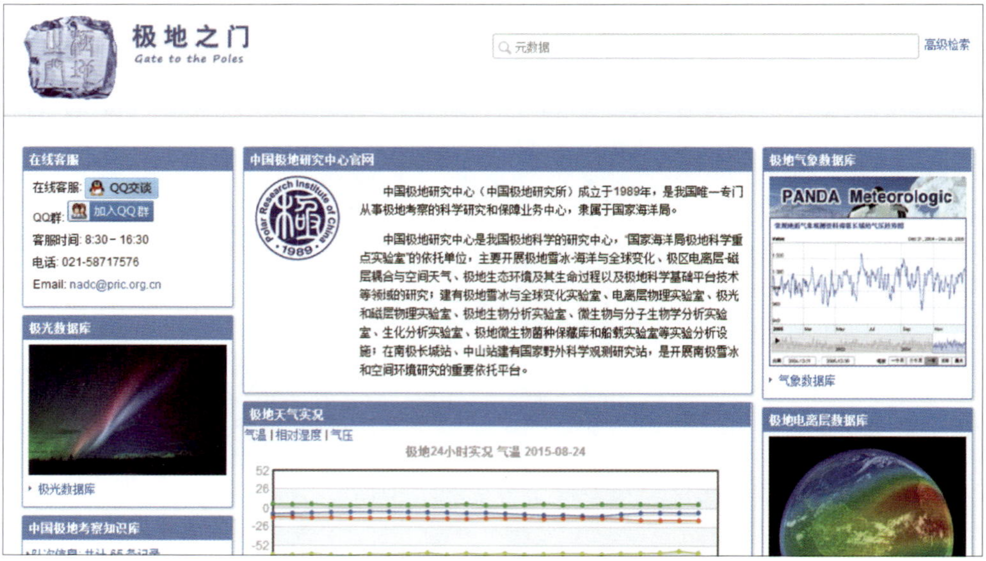

2.BBC 纪录片《冰冻星球》

本片主要展示栖息于北极和南极的动植物及其生境，第 7 集主要探讨全球暖化对极地以至全球的影响，由大卫·爱登堡联同科学家亲身前往极地考察及解说。节目主要由 BBC 自然历史组（BBC Natural History Unit）前往极地拍摄，其他制作伙伴包括加拿大探索频道、德国电视二台、西班牙 Antena 3 及希腊 Skai TV。

第二单元
大自然的语言——物候

【科普知识】

一、物候的基本概念

物候指自然环境中植物、动物生命活动的季节现象和在一年中特定时间出现的某些气象、水文现象。主要包括三个方面：一是植物的发芽、展叶、开花、果实成熟、叶变色、落叶等，这些是植物观测的几个主要物候期；二是候鸟、昆虫以及其他动物初见、初鸣、绝见、终鸣等，这是动物观测的主要内容；三是霜、雪、雷、电、结冰、消冻等气象、水文现象，这是自然环境方面。

将非人工影响或很少受人工影响的、在自然条件下的植物和动物的物候及气象、水文现象统称为自然物候。对物候现象按统一的规则进行观测和记载，就是物候观测。

二、气候变化与物候

物候的变化能真实地反映气候变化的情况，尤其是气候变化的规律和趋势，远比用仪器和工具测量来得直观、简单和实用，可说是最为灵敏的活的生物感应器。同时，由环境因子驱动的动植物的季节活动对环境变化十分敏感，因此研究物候期变化规律对气候变化有着十分重要的意义。

随着研究的深入和发展，许多学者发现，植物物候在气候监测和反映气候变化方面的作用越来越重要。有学者认为植物物候是气候变化对生态影响最直观、最敏感、且易于监测和理解的重要参数。近些年来，气候变化对物候影响的研究课题在国际上越来越受到重视，尤其是最近 20 年来，物候已成为气候变化研究中的一个重要组成部分，同时也已成为一个新的热点研究领域。

物候现象是气候、环境等诸多因素互相作用的综合结果，它不但反映了当时当地的气候状况，同时也是过去一段时间内温度、光照、降水、湿度等各要素的积累效应。物候期变化还能很好地反映气候的年际变化和地区差异，既简单又直观可靠,也更有实际意义。由于自然物候常常具有一定的时间性和地方性，因此在研究气候变化时，物候资料就成了一个典型的时空数据。

相对于动物来说，植物的物候期变化更加稳定，所以植物物候常被用于气候监测方面。植物的生长季节可由植物的生长期来说明，而植物的主要物候期如萌芽期、展叶期、开花期、果熟期、叶变色期和落叶期则客观地记录了植物的生长季节，所以物候期常被用于反映气候变化。

三、物候的主要应用

（一）栽培作物

主要是根据不同物种之间物候期出现的相对稳定性指示下一个物候期，进行农作物种植、管理和收割的预报工作。在没有观测仪器以前，我国劳动人民因农业种植的需要，需知一年中的寒来暑往，就用肉眼来观测下雪降霜，河开解冻，树木抽芽展叶、开花结果，候鸟春来秋往，昆虫始见终鸣等。根据当地动植物在一定时期内出现的某些现象早晚——就是现在所谓的物候期，相应地安排农时，进行农业生产活动。如有根据木本植物物候期指示农时的，华北地区有“枣芽发，种棉花”之说；有根据动物物候期指示农时的，四川绵阳对冬小麦播种有“雁鹅过，赶快播，雁下地，就嫌迟”一说；也有根据节气来指示农时的，如浙江的“立冬种麦正当时”，等等。这是物候在农业上最初也是最常见的一个应用，是物候应用的一个主要方面。

（二）引种驯化

如果了解了某种植物原产地的物候条件，就可以据此把该植物引种到条件相同的其他地区。美国曾从我国移植不少品种的经济作物，其中比较著名的有移植到加利福尼亚的柑橘、移植到佛罗里达的油桐和移植到中部和西部各州的大豆等。这几种经济作物经过一二十年的培育，美国不但能自给，而且在国际市场上争取到了一定的地位。在移植之前，美国曾派人事先从中国当时的农业试验站、农业学校搜集移植品种的物候条件的情报和各地的气象情报。

（三）对抗害虫

物候学的资料也可以帮助人们对抗害虫。害虫的产生有一定的季节性。如果利用物候资料人工控制农作物的播种期，使其提早或延迟若干天，往往能减轻或避免害虫的侵害，增加作物的产量。如 20 世纪初，美国小麦害虫极为猖獗，美国农业部利用物候图使各地小麦播种期延迟了若干天，避免了这种害虫，增加了小麦的产量。

（四）山区资源开发

中国山区面积大于平原，有很大面积的山区土地可利用。开发山区资源是中国发展农业很有希望的途径。但是许多山区还没有对农业经营对于气候、土壤的适应性进行调查。今后若开展山区物候观测，那么如何合理利用山区垂直分布带的问题就能得到科学的解决。

（五）园林绿化

在园林绿化中，依据物候现象，选择适宜的乔木、灌木和花草进行绿化，就能形成物种丰富、景色多样的园林环境。如根据花开时序、花期长短、秋叶变色期，进行绿化设计。用花期不同、颜色各异的多种花卉组成不同花期的组合，再配以不同秋叶变色期的树种，就会形成春、夏季有花，秋季叶色多姿的丰富季相景观。

另外，物候在研究因环境因子驱动的植物季节性活动方面的作用，目前很受生物模型学家的关注和青睐。物候在管理农林业、保护生物多样性以及人类健康方面有关键性的作用，在全球模型、遥感估产和环境影响评价中有重要的影响，在进行自然地理区划时也可提供参考。近些年来，随着科技的进步发展以及交叉学科的研究，物候学已逐渐成为农业、气候、生物和生态研究方面的一大重点。

四、我国关于物候的研究

我国在物候研究方面有十分悠久的历史，同时也有丰富的资料，历代的官方史书和文学典籍、史书记载和地区的地理志，以及个人日记和旅行报告中都有很多关于物候的信息。

我国古代人民把一年四季寒暑的变换分为二十四节气，把寒暑影响下所出现的自然现象分为七十二候，以五日为一候，三候为一气。早在《左传》中就有每逢二至（夏至、冬至）、二分（春分、秋分）等节日，必须记下物候特征的记载。我国古代人民很早就开始运用物候知识指导农业生产和预报农时，早在二千多年前就有了中国现存最早的星象物候历《夏小正》，文中记载了每月的天象、物候、民事等，内容涉及自然现象、生产活动和社会活动等。物候在各朝代都很受重视，经不断发展，物候历自北魏起进入各朝的皇家历法，北魏贾思勰的《齐民要术》便是一大证见。1934 年，我国开始有组织地进行现代物候观测，我国物候观测网逐渐建立。

近几十年来，全球气候变化引起植物物候期发生了一定的变化，普遍的研究结论为植物的春季物候期不同程度地提前，秋季物候期推后，植物的生长季延长。我国学者张福春根据近 30 年中国物候和气候资料建立了物候与年平均气温的线性统计模型，结果表明，若年平均气温升高 1℃，则各种木本植物的物候期春季将提前 3 ~ 4 天，秋季一般推迟 3 ~ 4 天，绿叶期延长 6 ~ 8 天。此外，北方物候现象的提前或推后程度较南方大。这种物候期的变化响应了目前的气候变化趋势。不过，不同种类植物的物候期对气候变化的响应有所差异，且不同时段，同一因子的影响也不同，不能一概而论。

【探究活动】

校园植物物候期观测

1. 活动内容

在一定的条件下，随一年中季节的变化，对校园植物的器官生长发育进程进行观测及记录。

2. 活动目标

通过本次活动，掌握具体观测植物物候期的方法，归纳并整理不同植物的物候期变化；学习运用物候观测资料和环境资料分析植物的生长发育与环境之间的相互关系。

3. 活动材料

校内乔木树种、灌木树种、草本花草、蕨类植物各 3 ~ 5 种，标签、记录本、笔、卷尺若干。

4. 活动步骤

（1）分组：每 5 ~ 6 人为一个小组，选择一个类群的植物为研究对象。

（2）观测对象：每个类群植物为 3 ~ 5 种，每种 3 ~ 5 株，并挂牌标记。

（3）观测时间与方法：木本植物从早春萌芽开始，草本植物从出土开始，蕨类植物从幼叶拳卷开始进行观测，观测时间以下午为好。在物候变化大的时候，如开花的盛期等，观测时间间隔宜短，可每天或2～3天观测一次，若遇特殊天气，如高温、低温、干旱、大雨、大风等，应随时观测；反之，间隔期可适当延长。连续观测1～2个生长周期。

（4）根据观测记录表，详细记录植物不同物候期的时间节点以及相应的天气情况。

观测标准的确定：

物候观测应按照统一的指标（物候期）进行。植物的物候期大体上包括：Ⅰ幼苗，Ⅱ营养期（禾草的分蘖、叶簇和枝条的形成，抽茎和分枝、出叶等），Ⅲ孕蕾期，Ⅳ开花期，Ⅴ结果期，Ⅵ果熟期，Ⅶ下种期（成熟的果实、种子、孢子和其他繁殖体脱离母体），Ⅷ果后营养期。在实际中，还可根据研究目的及所观测的对象不同，进行必要的调整。

木本植物所观测的物候期主要是：

Ⅰ萌动期（1. 叶芽开始膨大期，2. 叶芽开放期，3. 花芽开始膨大期，4. 花芽开放期）；

Ⅱ展叶期（1. 开始展叶期，2. 展叶盛期）；

Ⅲ开花期（1. 花蕾或花序出现期，2. 开花始期，3. 开花盛期，4. 开花末期，5. 第二次开花期）；

Ⅳ果实或种子成熟期（1. 果实或种子成熟期，2. 果实或种子脱落开始期，3. 果实或种子脱落末期）；

Ⅴ新梢生长期（1. 一次梢开始生长期，2. 一次梢停止生长期，3. 二次梢开始生长期，4. 二次梢停止生长期，5. 三次梢开始生长期，6. 三次梢停止生长期）；

Ⅵ叶变色期（1. 秋季或冬季叶开始变色期，2. 秋季或冬季叶完全变色期）；

Ⅶ落叶期（1. 落叶开始期，2. 落叶末期）。

草本植物所观测的物候期主要是：

Ⅰ萌动期（1. 地下芽出土期，2. 地上芽变绿期）；

Ⅱ展叶期（1. 开始展叶期，2. 展叶盛期）；

Ⅲ开花期（1. 花蕾或花序出现期，2. 开花始期，3. 开花盛期，4. 开花末期，5. 第二次开花期）；

Ⅳ果实或种子成熟期（1. 果实或种子开始成熟期，2. 果实或种子全熟期，3. 果实脱落期，4. 种子散布期）；

Ⅴ枯黄期（1. 开始枯黄期，2. 普遍枯黄期，3. 全部枯黄期）。

蕨类植物所观测的物候期主要是：

Ⅰ叶的出现（拳叶）；

Ⅱ拳叶完全伸展；

Ⅲ孢子囊的出现；

Ⅳ孢子成熟（孢子囊颜色变深，震动时有孢子散落）；

Ⅴ死亡期或休眠期（地上营养部分干枯）。

各观测指标的把握尺度，可参照《中国生态系统研究网络观测与分析标准方法》中有关部分的观测标准，由老师在活动前统一准备、发放到各观测小组。

观测记录表

物候观测对象的种类和数量可能很多，但均可根据不同的生活型（乔木、灌木、草本等）分别详细记录在不同表格上。必须在观测时随看随记，不要凭记忆事后补记。如遇到高大乔木肉眼难辨时，可借助望远镜，必要时用高枝剪切取相关部位进行观察。由于各人对各物候期的理解和把握程度不一，因此在物候描述时文字要力求精练、规范，并最好附有标准图，以利于观测范围内各地的观测者掌握并取得统一标准。这样的物候观测资料如持之以恒则是颇有科学价值的。

对于一项完整的研究，为阐明在不同环境条件下物候期更替的差异，必须同时对其他环境条件加以并行观测，例如小气候（温度、湿度、光照）、土壤化学成分与水分，以及植物本身的生理过程如蒸腾、光合、呼吸作用等。同时还需采集不同物候期的标本等。

乔木、灌木植物物候观测记录表

观测地点：____________　　观测员：____________

植物名称及编号	日期（右边栏对应可用√标记）	萌动期						展叶期		开花期					果实或种子成熟期				新梢生长期						叶变色期			落叶期			备注
		叶芽开始膨大期	叶芽开放期	间隔日数	花芽开始膨大期	花芽开放期	间隔日数	开始展叶期	展叶盛期	花蕾或花序出现期	开花始期	开花盛期	开花末期	开花始末间隔日数	果实或种子成熟期	果实或种子脱落开始期	果实或种子脱落末期	果实或种子脱落始末间隔日数	一次梢开始生长期	一次梢停止生长期	二次梢开始生长期	二次梢停止生长期	三次梢开始生长期	三次梢停止生长期	秋季或冬季叶开始变色期	秋季或冬季叶完全变色期	间隔日数	落叶开始期	落叶末期	间隔日数	植株形态特征、气温、降水量、照片编号

草本植物物候观测记录表

观测地点：＿＿＿＿＿＿　　观测员：＿＿＿＿＿＿

植物名称及编号	日期（右边栏对应可用√标记）	萌动期			展叶期		开花期					果实或种子成熟期					枯黄期				备注
		地下芽出土期	地上芽变绿期	间隔日数	开始展叶期	展叶盛期	花蕾或花序出现期	开花始期	开花盛期	开花末期	开花始末间隔日数	果实或种子开始成熟期	果实或种子全熟期	间隔日数	果实脱落期	种子散布期	开始枯黄期	普遍枯黄期	全部枯黄期	开始枯黄至全部枯黄间隔日数	植株形态特征、气温、降水量、照片编号

蕨类植物物候观测记录表

观测地点：__________　　观测员：__________

植物名称及编号	日期（右边栏对应可用√标记）	叶的出现（拳叶）	拳叶完全伸展	间隔日数	孢子囊的出现	孢子成熟			死亡期 / 休眠期（地上营养部分干枯）	备注
						孢子囊颜色变深	孢子散落	间隔日数		植株形态特征、气温、降水量、照片编号

（5）数据整理分析。

5. 结果与讨论

在野外观测得到大量资料以后，即进入室内资料整理和分析阶段，对不同小组的记录结果进行整合，以找出各物候期的规律性。

首先要把大量野外资料汇总，将原始资料分别填入乔木、灌木、草本等统计表（参考植物观测记录表，将不同植物的物候期变化节点填在一行中）。在上述资料整理统计的基础上，整理出最早、最晚日期和极差；对各物候期的早晚推移进行描述，采用 Excel 软件处理数据并绘制图表，做出气候因子和物候期年际变化曲线、物候谱的绘制工作。把一个群落的各种植物物候观测的记载连在一起，就可以得到该群落的物候谱。在物候图谱上，各物候现象的分界线不是垂直的，而是倾斜的，分界线上端表示某物候现象的开始日期，末端表示同一物候期的结束日期，每一段的长短即是其持续期。

【拓展阅读】

在我国古代的诗词歌赋中有大量的物候知识，接下来就介绍几则古诗词中的物候现象。

赋得古原草送别

白居易

离离原上草，一岁一枯荣。
野火烧不尽，春风吹又生。
远芳侵古道，晴翠接荒城。
又送王孙去，萋萋满别情。

这首诗开头两句揭示了物候学上两个重要规律：第一，植物的荣枯有一年一度的循环变化；第二，这种循环变化是随着气候为转移的，春天一到，万物就要复苏了。

惠崇春江晚景

苏轼

竹外桃花三两枝，春江水暖鸭先知。
蒌蒿满地芦芽短，正是河豚欲上时。

从鸭子戏水，感知春江水暖。也揭示了，凡花木向阳而茂，背阳而衰；凡鸟禽暖而出，寒而伏。物候与气候，其相关切。

鸟　啼

陆游

野人无历日，鸟啼知四时；
二月闻子规，春耕不可迟；
三月闻黄鹂，幼妇闵蚕饥；
四月鸣布谷，家家蚕上簇；
五月鸣鸦舅，苗稚忧草茂。
人言农家苦，望晴复望雨；
乐处谁得知？生不识官府。
葛衫麦饭有即休，湖桥小市酒如油。
夜夜扶归常烂醉，不怕行逢灞陵尉。

乡野农人不根据历法来过日子，但凭禽鸟的啼叫就可以知道四时的变化。二月的时候杜鹃叫了，就要赶紧春耕不能迟疑。三月的时候黄鹂叫了，小孩和农妇就要开始喂蚕了。到四月，布谷鸟叫了，每家的蚕都要上笼子了。五月来了，乌鸦一叫，这时的秧苗还嫩，就要开始注意杂草啦。诗人用鸟类的啼叫预告了农时。

大林寺桃花

白居易

人间四月芳菲尽，山寺桃花始盛开。
长恨春归无觅处，不知转入此中来。

农历的四月，春去夏来，山外的百花都已凋谢了，而山顶大林寺的桃花正在盛开。大林寺在庐山香炉峰之上，向来人迹罕至。诗中写四月间山下已是百花凋落，而山上桃花才刚刚盛开，几乎相差一个节气，诗人观察非常细致。从生物学角度分析是温度对生物生理特性的影响。一般来说，每升高 100 米，气温降低 0.6 ℃，所以山上的气温偏低，开花也晚。

此外，历代的诗歌、谚语等都涉及大量的物候知识，既是对中国文化的一个延伸，也是对当时当地的风土人情和物候的一个真实写照和反映。

二十四节气歌

立春阳气转，雨水沿河边。惊蛰乌鸦叫，春分地皮干。
清明忙种麦，谷雨种大田。立夏鹅毛住，小满雀来全。
芒种开了铲，夏至不纳棉。小暑不算热，大暑三伏天。
立秋忙打靛，处暑动刀镰。白露烟上架，秋分不生田。
寒露不算冷，霜降变了天。立冬交十月，小雪地封严。
大雪河叉上，冬至不行船。小寒近腊月，大寒一整年。

谚语

清明早，小满迟，谷雨种棉正适时。

清明晴，六畜兴；清明雨，损百果。

立夏不下，桑老麦罢。

立夏东风到，麦子水里涝。

立夏刮阵风，小麦一场空。

小满前后，种瓜种豆。

小满暖洋洋，锄麦种杂粮。

芒种麦登场，秋耕紧跟上。

芒种刮北风，旱断青苗根。

夏至无雨，囤里无米。

小暑不种薯，立伏不种豆。

立秋处暑云打草，白露秋分正割田。

立秋有雨样样有，立秋无雨收半秋。

白露天气晴，谷子如白银。

白露早，寒露迟，秋分种麦正当时。

秋分谷子割不得，寒露谷子养不得。

粮食冒尖棉堆山，寒露不忘把地翻。

【资料推荐】

记录春天第一朵花的开放、秋天最后一片树叶的凋零，搜寻候鸟季节性迁移的身影……了解物候的过程充满趣味，但更需要耐心细致的观测和记录。同学们观测植物的生长枯荣、动物的繁殖迁徙等物候现象，有助于探索动植物发育和活动过程的周期性规律以及动植物对周围环境条件的依赖，进而了解气候的变化规律，从一个系统的角度认识我们生活的环境。接下来介绍一些与之相关的网络教育资源，希望对同学们有所帮助。

1. 美国国家物候联盟 http://www.usanpn.org/home

该项目本身并不进行数据收集，而是帮助研究者、学生和志愿者在地面进行物候观测。该网站最强大的功能是获取和分享数据，它不仅提供各种物候数据的原始链接，还指导用户通过便捷的方式创设在线数据，数据的不断更新使网站保持活力。网站中还提供了与物候观测有关的教育资源，包括讲座材料、课堂活动指导、网站建设规划工作表等。

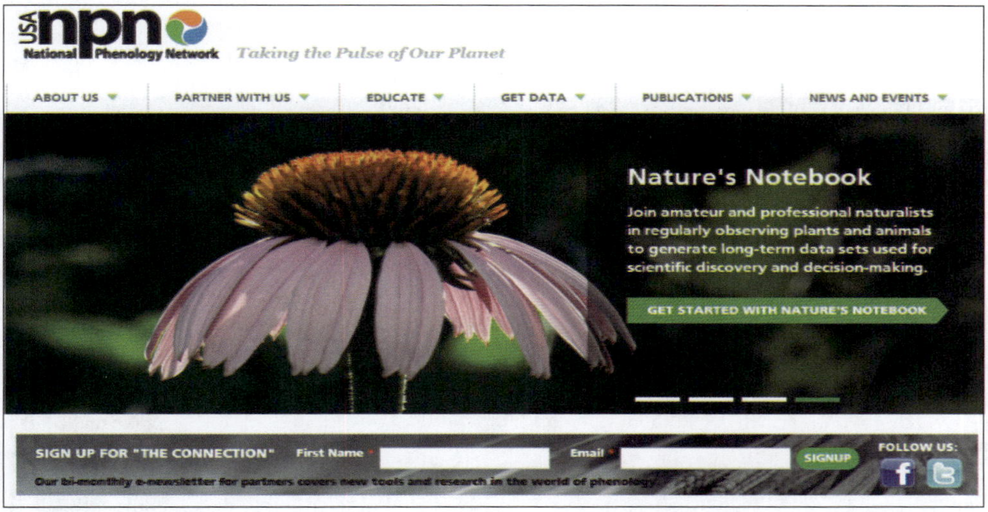

2. 加拿大国家自然观测项目网站 http://www.naturewatch.ca/english/

网站包括蛙、蚯蚓、植物和冰川观测 4 个子项目。每个项目的基本内容包括：介绍该物种监测对了解整个生态系统的意义，提供详细指引和工具表给用户自主开展观测活动，介绍识别和辨认物种观测特征的背景知识和技巧，还提供观测结果在线提交工具、公众观测结果概况，以及相关教育资源。有兴趣的同学可以在网站中下载设计好的工作单使用。

3. “四季的迹象” 项目网站 http://umaine.edu/signs-of-the-seasons

“四季的迹象”是美国缅因州大学和国家物候联盟等机构合作推出的项目，让公众通过观测身边的动植物的季节性变化，帮助科学家研究全球气候变化问题。网站中列出了 13 个指示性物种，并描述了每一个物种的物候期特点，参

与者可以根据兴趣选择一种或者多种动植物进行观测，并利用国家物候联盟的网络在线交流数据。网站提供了适合中学生使用的物候和气候教育活动资料，包括基本介绍、实地观测、数据分析、成果交流几个部分，可以根据需要下载使用。

4. “北半球的旅程”网站 http://www.learner.org/jnorth/

“北半球的旅程”是由美国 Annenberg 基金会支持的季节变化项目观测网站，鼓励世界各地的学生和公民、科学家追踪野生动物迁徙和季节变化，分享观测数据，探讨季节变化之间的关联。这是一个强大的学习网络，网站按照季节变化与日照长度、植物生长、动物迁徙的关系，将相关学习资源进行了整合。教师可以得到课程活动方案和专业的教学支持资源，学生可以通过网站提供的工具参与数据地图的绘制，网站还提供了图文并茂的物候资料，深入浅出地为学生介绍相关知识。

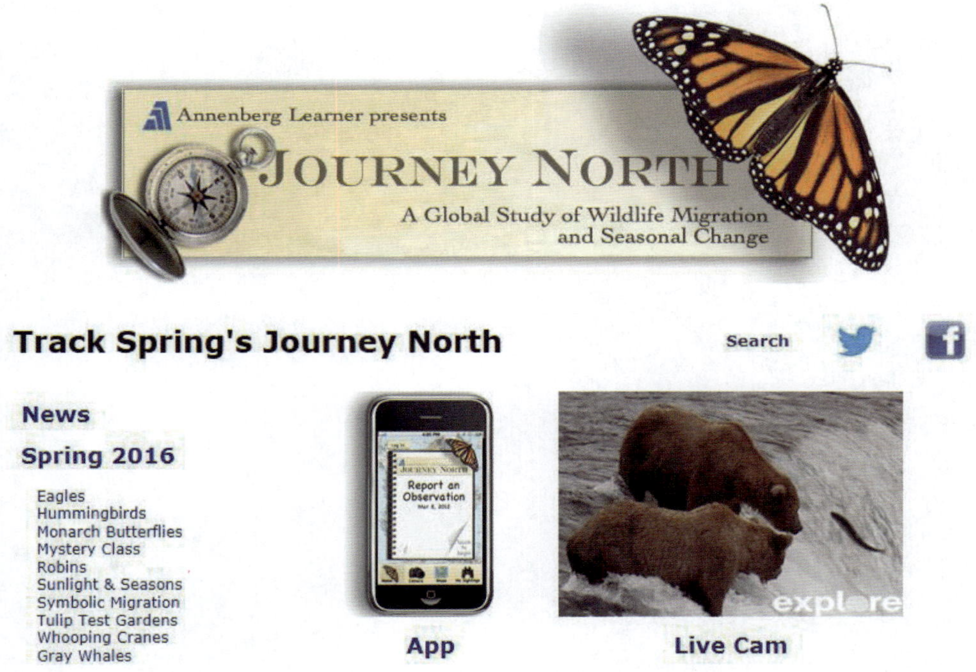

第三单元

地球之肾——湿地

【科普知识】

一、生命的绿洲——湿地系统

（一）湿地的概念

湿地似乎总是离我们很遥远，好像是偏居在人迹罕至的不毛世界。事实上，湿地就在我们身边，不论是公园里的秀美池塘，还是乡间的潺潺溪流，亦或是美丽的海滨沙滩、神秘的泥潭沼泽。我们的生活与湿地休戚相关，但是很少有人意识到湿地的存在。那么，究竟什么是湿地？

湿地是陆地与水体之间的过渡地带，是一种具有多功能的、富有生物多样性的生态系统，是人类最重要的生存环境之一，被誉为“地球之肾”。国际上对湿地的定义众说纷纭，普遍被接受的是《湿地公约》中的定义，即：不问其为自然或人工、长久或暂时之沼泽地、湿原、泥炭地或水域地带；带有或静止或流动，或为淡水、半咸水或咸水水体者，包括低潮时水深不超过 6 米的水。

想一想：在下列环境中，哪些属于湿地，为什么？你生活中还见到过哪些湿地？你认为湿地的必要特征是什么？

河口

水库

珊瑚礁

滩涂

草原

森林

海洋

红树林

（二）湿地大家庭

湿地的类型多种多样，它包括海岸地区的珊瑚礁、海草床、滩涂、红树林，包括河口、河流、湖泊、沼泽，同时也包括稻田、污水处理用地等人工湿地。《湿地公约》中将湿地分为滨海湿地、内陆湿地和人工湿地三大类。1999 年国家林业局参照《湿地公约》的分类将中国的湿地划分为近海与海岸湿地、沼泽湿地、河流湿地、湖泊湿地、人工湿地等五大类。

我国湿地的类型及面积（根据 2013 年第二次全国湿地资源调查结果）

湿地 5342.06 万公顷				
自然湿地 4667.47 万公顷				人工湿地 674.59 万公顷
近海与海岸湿地 579.59 万公顷	沼泽湿地 2173.29 万公顷	河流湿地 1055.21 万公顷	湖泊湿地 859.38 万公顷	

1. 近海及海岸湿地

近海及海岸湿地发育在陆地与海洋之间，是海洋和大陆相互作用最强烈的地带，包括海湾、海峡、海草床、珊瑚礁、基岩质海岸、砂质 / 砂石海滩、河口水域、潮间带泥滩 / 沙滩 / 盐滩、潮间带沼泽、红树林沼泽等湿地类型。

2. 沼泽湿地

沼泽湿地包括沼泽和沼泽化草甸，其特点是地表经常或长期处于湿润状态，具有特殊的植被和成土过程，有的沼泽有泥炭积累，有的没有泥炭。沼泽湿地可分为：藓类沼泽、草本沼泽、灌丛沼泽、森林沼泽、沼泽化草甸、内陆盐沼等。

3. 河流湿地

河流湿地是水陆之间至少定期地受到洪水泛滥影响的区域，可分为永久性河流、季节性或间歇性河流、洪泛平原湿地等 3 种类型。其中，洪泛平原湿地是指河水泛滥淹没（以多年平均洪水位为准）的河流两岸地势平坦地区，包括河滩、泛滥的河谷、季节性泛滥的草地。

4. 湖泊湿地

湖泊湿地发育在湖泊边缘，也就是在枯水期水深小于 2 米的部分，并且总面积不低于 8 公顷。我国具有丰富的湖泊类型：有世界上海拔最高的湖泊，也有位于海平面以下的湖泊；有浅水湖，也有深水湖；有吞吐湖，也有闭流湖；有淡水湖，也有咸水湖和盐湖等。

5. 人工湿地

人工湿地是人们为了达到或满足某种需要，人为地改变湿地的结构，包括群落组成和无机环境，并通过生态系统的自我调节能力形成的一个较为稳定的湿地生态系统，包括养殖池塘、池塘、灌溉土地、蓄水用地、运河、灌渠、废水处理区等。狭义上，人工湿地特指人工湿地污水处理系统。

想一想： 将图中的湿地进行分类，他们分别属于哪一类？

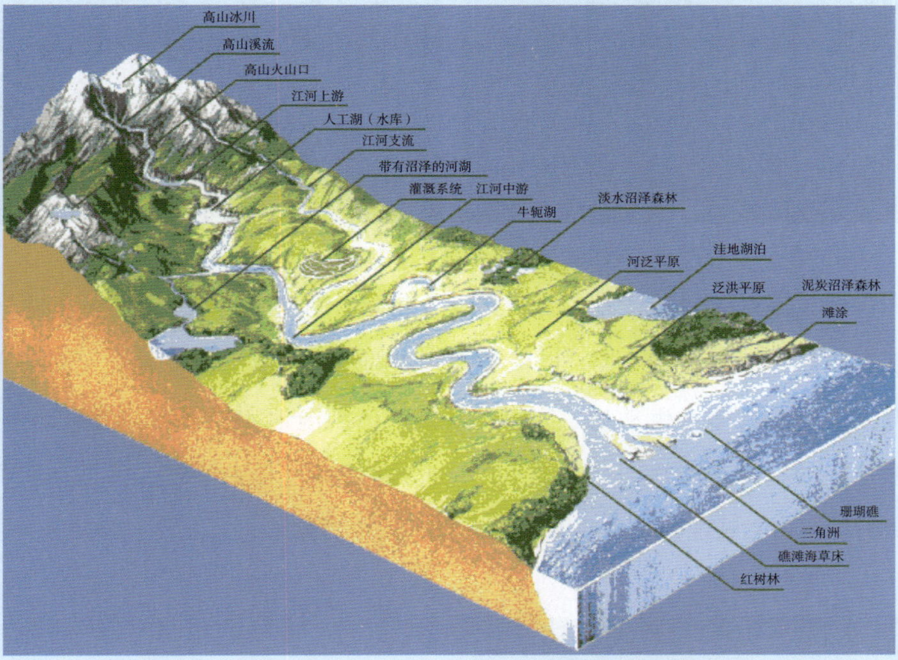

（三）湿地生态系统的结构

湿地是介于陆地生态系统与水生生态系统之间的一种特殊的生态系统，同时兼具丰富的陆生和水生动植物资源，因此形成了其他任何单一生态系统都无法比拟的天然基因库和独特的生物环境。

湿地植被是湿地生态系统的生产者，也是湿地其他生物类群生长和新陈代谢所需能量的主要来源。湿地是植物的海洋：有繁花似锦的湿草甸、郁郁葱葱的芦苇、出污泥而不染的荷花、海岸卫士红树林……湿地植物能够直接给人类提供工业原料、食物、观赏花卉、药材等，还能吸收和去除进入湿地的污染物质，在湿地生态系统中发挥关键作用。

湿地生态系统的消费者主要为具有飞翔能力的鸟类和昆虫，适应湿生环境的哺乳类、两栖类和爬行类，以鱼类为代表的水生动物，以及种类繁多的底栖无脊椎动物。许多水生动物（如鱼和对虾）借助湿地完成产卵并渡过幼年期；许多迁徙的鸟类将湿地当成“驿站”（例如在迁徙过程中停歇、休息和取食），我国的黄河口和长江河口就是著名的鸟类迁徙中转站。

湿地中存在大量细菌、真菌等微生物及原生、后生动物，它们都是湿地生态系统的分解者，其中细菌和真菌是主要分解类群。微生物推动着湿地生态系统的能量和物质循环，维持生态系统正常运转，对湿地的分化和类型的演替起着制约作用。此外，微生物的活动还是湿地系统实现生态净化的主要机制。

资料

湿地最能体现生物的多样性，仅我国有记载的湿地植物就有 2760 余种，其中湿地高等植物 156 科 437 属 1380 多种。湿地植物从生长环境看，可分为水生、沼生、湿生 3 类；从植物生活类型看，有挺水型、浮水型、沉水型和漂浮型等。

广泛分布的湿地植物有：挺水植物如芦苇、宽叶香蒲、狭叶香蒲等，浮水植物如浮萍（有 15 种），沉水植物如蓖齿眼子菜、菹草、金鱼藻、轮叶狐尾藻、大茨藻、角茨藻、轮叶黑藻，沼生植物如莎草、藨草、灯心草等。

香蒲

芦苇

莎草

浮萍

金鱼草

灯心草

湿地动物的种类也异常丰富，我国已记录到的湿地动物有 1500 种左右（不含昆虫、无脊椎动物和微生物），其中鱼类约 1040 种。鱼类中淡水鱼有 500 种左右，占世界上淡水鱼类总数的 80% 以上。

天鹅

银鸥

在湿地内常年栖息和出没的鸟类有天鹅、白鹳、鹈鹕、大雁、白鹭、苍鹰、浮鸥、银鸥、燕鸥、苇莺、掠鸟等约200种。

（四）湿地的功能

湿地的功能是多方面的，它是众多植物、动物生长的乐园，为许多物种保存了基因特性，同时又向人类提供食物（水产品、禽畜产品、谷物）、能源（水能、泥炭、薪柴）、原材料（芦苇、木材、药用植物）；它可作为直接利用的水源或补充地下水，又能有效地减缓径流、蓄洪防旱和防止土壤沙化；它能滞留沉积物、有毒物、营养物质，降解污染物质并净化水质；它参与了全球的碳、氮、硫循环，能调节气体并影响气候变化；它能削弱海浪和水流的冲击力，保护海岸不受风浪侵蚀；它还能提供清洁方便的运输方式，成为风景独特的旅游场所，并具有很高的科研和教育价值……因此，湿地当之无愧地被称为“地球之肾”。

想一想：

1. 不同类型的湿地具有不同的功能，请用简练的语言归纳出近海与海岸湿地、河流湿地、湖泊湿地、沼泽湿地、人工湿地这五大类湿地的主要功能。

类型	功能
近海与海岸湿地	
河流湿地	
湖泊湿地	
沼泽湿地	
人工湿地	

2. 请试着分析崇明东滩湿地属于哪种类型的湿地，以及该湿地的结构与功能。

二、人工湿地污水处理系统

（一）人工湿地污水处理系统概述

人工湿地污水处理系统（简称人工湿地）是根据土地处理系统及水生植物处理污水的原理，模拟天然湿地的结构与功能，人工设计建造的、可监控的、工程化处理系统。该系统具有投资低、出水水质好、抗冲击力强、改善和美化生态环境、操作简单等优点，被广泛用于市政、工业、农业等各类污水处理。

（二）人工湿地的组成

绝大多数人工湿地由以下 5 部分组成：基质、水生植物、水体、好氧或厌氧微生物及防渗层。其中，基质、水生植物及微生物是影响人工湿地污水处理效能的主要组成部分。

1. 基质

基质又称为填料、滤料，是人工湿地的重要载体。目前广泛应用的基质有砾石、土壤、粗砂、细砂、沸石、钢渣等。基质可以为水生植物提供物理支持和营养物质，为微生物生长提供稳定的依附表面，还可以通过物理、化学途径去除污水中的不溶性颗粒物，氮、磷等营养物质。

2. 水生植物

人工湿地中常用的植物有：香蒲、芦苇、睡莲、水葱和菖蒲等。植物生长吸收氮、磷等营养元素，并能吸附重金属及一些有害物质，通过定期收割可去除水体中的污染物质；植物根系可以为微生物的生长提供载体及良好的生长环境；此外，植物可以延长水体在湿地内的停留时间，并沉淀悬浮颗粒物。

3. 微生物

微生物的活动是人工湿地净化污水的主要机制，微生物可以通过吸收、代谢、分解等途径，去除水体中的有机物、营养元素、金属离子、难降解有机物等。

想一想：人工湿地是一个“基质—植物—微生物”生态系统，当污水进入人工湿地后，基质、植物、微生物是如何分工合作完成污水净化的？请你说出人工湿地的工作原理。

（三）人工湿地的分类

人工湿地按水流形态可分为 3 种基本类型，即表面流人工湿地（FWS）、水平潜流人工湿地（HF）和垂直流人工湿地（VF）。

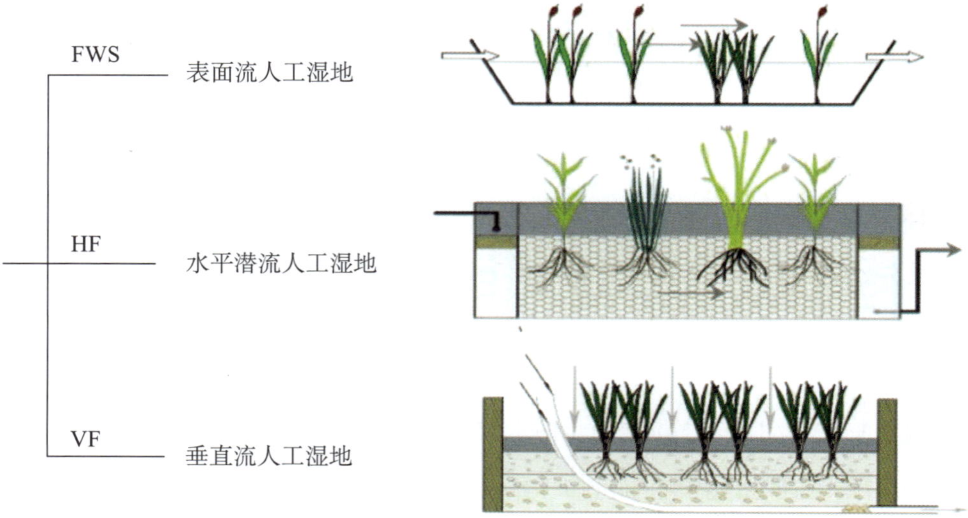

1. 表面流人工湿地

表面流人工湿地在外观上接近于自然湿地，水面暴露于大气中，污水在基质表面水平流动，水位较浅，一般在 0.3 ~ 0.5 米。该湿地系统具有投资少、运行管理简便、运行费用低等优点，但同时也有对污染物质处理能力低、占地面积大、夏季蚊蝇滋生、易受气候条件影响等缺点。目前，北美地区多采用表面流人工湿地对江河湖泊进行水质净化及生态修复，但其在欧洲发展缓慢。

2. 水平潜流人工湿地

在水平潜流人工湿地系统中，污水在基质表面下流动，并充分利用基质表面生长的生物膜、丰富的植物根系及表层土和基质截留等作用，去除水体中的有机物、悬浮颗粒物及重金属等污染物，具有较高的污水净化效能。此外，该系统还具有保温性良好、运行效果受气候影响小、卫生条件较好的特点，是目前国内外（特别是欧洲国家）研究和应用较多的一种湿地系统，并广泛应用于石油化工、制革、钢铁、造纸、制药等工业废水及生活污水处理领域。

3. 垂直流人工湿地

在垂直流人工湿地系统中，污水的水流方向和床区呈垂直方向，污水从湿地表面垂直下行渗流向填料床的底部或从底部垂直向上流进表面，通常采用间歇式进水，在进水间隙，空气填充到床体中，保证污水能与空气充分接触，从而提高了有机物和氮素的去除效能，适用于处理氮含量较高的污水。但是该系统对悬浮物的去除效果不佳，并且存在易堵塞、基建费用较高、操控复杂等问题，故不如水平潜流系统应用广泛。

想一想：

1. 从湿地结构、组成角度分析，为什么表面流人工湿地对污染物质的处理能力相对较低？

2. 比较三类人工湿地，完成下面表格。

特点 类型	结构特点	优点	缺点
表面流人工湿地			
水平潜流人工湿地			
垂直流人工湿地			

三、湿地系统与气候变化

湿地影响着气候，是气候的调节器；气候也影响着湿地，湿地是气候变化的指示器。

（一）湿地系统对气候变化的影响

1. 湿地是温室气体的“源”和“汇”

在湿地生态系统中，植物通过光合作用将无机碳（大气中的二氧化碳）转化为植物体内的有机碳，并在微生物的作用下形成富含有机质的湿地土壤和泥炭层，从而将碳固定在湿地中。如果温度升高、降雨减少或土地管理措施不当引起湿地土壤变化，湿地固定碳的功能将大大减弱或消失，湿地将由“碳汇”变成“碳源”。湿地中有机残体的分解过程也会产生大量的有机气体，其中最重要的是温室气体二氧化碳和甲烷。

因此，植被二氧化碳净同化率与生态系统二氧化碳、甲烷净释放间的平衡决定了湿地生态系统是大气的碳源或碳汇。

2. 湿地对区域小气候的影响

湿地对调节区域气候有较大的影响，在调节温度、增加空气湿度、削弱风速、缩小昼夜温差、降低大气含尘量等方面具有明显的作用。

湿地长期或季节性积水，水热容量大，增温或降温缓慢，气温变幅小。如我国神农架大九湖盆地，按当地资料推算的季节平均气温与实测气温相比，春、秋、冬季的实测气温高于推算气温，而夏季的实测气温则偏低；实测季节平均气温年内变幅（19.5 ℃）小于推算值（19.8 ℃）。尤其秋季气温下降迟缓，秋季实测季节平均温度比推算值高 3.05 ℃。在城市中，湿地的存在还能够缓解“热岛效应”。

湿地可以增加空气湿度的作用，主要归功于其开放性的水面以及周边的软泥岸和植被。湿地的水分蒸发和植被叶面的水分蒸腾，使得湿地和大气之间不断地进行着能量和物质交换，从而保持当地的湿度和降水量。例如，三江平原沼泽，一个生长季总蒸发量达 86 亿吨水，其日平均相对湿度比开垦后的耕地高 7% ~ 13%。

（二）气候变化对湿地系统的影响

1. 气候变化对河流和湖泊等内陆湿地的影响

温度、降水量和蒸发量变化对河流和湖泊等内陆湿地的流量和水位变化有着重大影响。干旱和半干旱地区的河流和湖泊湿地对降水量变化尤其敏感，降水量变化可以大大改变湿地面积。在 20 世纪 70 年代，由于降水的减少，若尔盖泥炭地的孕海湖面积由 2000 公顷减少到 400 公顷，这使上游泥炭地的水位降低，导致泥炭地退化。

温度的升高可能导致湖泊水质下降，也可能促进外来物种的入侵和蔓延。另外，气候变暖可能将使永久冻土融化。中高纬度地区大量冻土层的减少，会导致该地区泥炭地的减少，从而造成大量的二氧化碳和甲烷不断释放到大气中。同样，蒸发量的增加和降水量的减少也对热带泥炭地产生不利影响。

2. 气候变化对沿海湿地的影响

全球气候变暖将导致海水温度升高、海平面上升及热带气旋活动频繁，进而对近海及海岸湿地产生重大影响。海平面上升会导致许多河口、海岸滩涂、红树林等湿地被淹没。世界主要的三角洲可能发生水体变化，咸水侵入淡水和地下水。而许多三角洲是迁徙涉禽的重要停歇地，海平面上升和其他与气候相关因素引起湿地的变化会威胁水鸟和其他野生动物的存在。

3. 气候变化对与湿地相关的农业生产的影响

湿地植物——水稻是人类的主要食物，是世界上最重要的农作物之一。在亚洲的热带地区，微小的升温就会对水稻产生不利影响。水稻面积的变化又相应地改变甲烷的释放，这对水稻的生长具有重要影响。

水稻

4. 气候变化改变人类活动从而间接影响湿地

气候变化改变着人类活动，从而对湿地产生了间接影响。由于气候变化影响地区，特别是干旱和半干旱地区的降水减少，干旱发生的频率与持续的时间增加。人类对干旱的应对通常是加大对淡水的利用，以满足城市与农业用水。这将会导致河流流量的减少、湖泊水位下降，以及水位更大幅度的波动，从而导致湿地功能的下降和退化，进一步加大对湿地的压力。

资料

湿地是全球最大的碳库，全球所有湿地面积之和仅占地球陆地面积的6%，但它却拥有陆地生物圈碳素的35%，碳总量约770亿吨，超过农业生态系统（150亿吨）、温带森林（159亿吨）和热带雨林（428亿吨）。与此同时，全球沼泽地正在以平均每年1毫米的速度堆积泥炭，一年中将有3.2×10^{14}克碳在沼泽地中积累。泥炭地是碳储量最高的湿地，其储存的碳总量约为540亿吨，占全部湿地碳储量的70%左右。例如若尔盖泥炭地总面积4900平方千米，泥炭深度为0.3～8.8米，泥炭总量为10亿～40亿吨。此外，沿海湿地和红树林也被认为是碳吸收最重要的海洋生态系统，单位面积的红树林沼泽湿地固定的碳是热带雨林的10倍。

湿地同时也是一个巨大的碳源。全球天然湿地每年释放的甲烷为10亿～20亿吨，全球水田每年甲烷的释放量为2亿～15亿吨，它们分别占全球甲烷总释放量的22%和11%。从全球角度看，如果沼泽全部排干，则碳的释放量相当于目前森林砍伐和化石燃料燃烧排放碳量的35%～50%。大气中二氧化碳和甲烷等温室气体积累会使温室效应加强，使地球表面温度逐年上升，从而对全球气候产生重大影响。

想一想：

1. 湿地与气候变化之间的关系是相互影响、相互作用的，请试着画出湿地与气候之间相互联系的结构图。

2. 请从全球变暖角度出发，谈一谈气候变化对湿地产生了什么影响？变化后的湿地又会对气候有怎样的影响？

3. 如果地球上所有的湿地都消失了，那么气候会怎样变化？（分别从气温、降水、水文循环方面阐述）

【探究活动】

一、人工湿地系统环境和物候调查

1. 活动目的

（1）观察人工湿地，认识人工湿地的各组成部分。

（2）学会测定气温、空气湿度、土壤温度、土壤湿度等指标，建立人工湿地与气候的联系。

（3）学会植物物候调查，建立人工湿地与植物物候的联系。

2. 活动内容

湿地生态系统会改变局地小气候。本次活动将对湿地周围的温度和湿度进行长期观测，建立不同季节湿地区域的温度和湿度曲线，与同年普陀区的温度和湿度进行对比，建立人工湿地与气候的联系。对湿地及湿地周围的植物进行物候调查及记录，并与植物的平均物候期进行对比，建立人工湿地与植物物候的联系。

3. 活动材料

温度表、湿度表、土壤温度表、土壤湿度表、卷尺等。

4. 活动步骤

(1) 分组：每5～6人为一个小组，选择一个类群植物为研究对象。

(2) 观测对象：人工湿地及周围区域的植物。并按照上单元介绍植物物候的观察方法进行植物物候的定期观察。

(3) 对每次观测情况进行详细记录，完成记录表的填写及数据分析。特别要注意的是，天气状况、气温、空气湿度、土壤温度、土壤湿度等均会影响植物的生长，一定要详细记录。

数据记录表

日期：__________ 记 录 员：__________ 天气状况：__________

气温：__________ 空气湿度：__________ 土壤温度：__________ 土壤湿度：__________

植物名称	物候期（详细记录植物状态）

5. 结果与讨论

(1) 画出校园湿地区域春、夏、秋、冬的气温和湿度曲线，将该曲线与同年普陀区的气温和湿度进行对比，讨论湿地对局部区域气温和湿度的影响。

（2）统计出湿地及湿地周围不同植物的物候期，并与同种植物的平均物候期进行对比，讨论湿地对植物物候的影响。

曹杨中学校园人工湿地俯视图

二、人工湿地碳平衡调查

1. 活动目的

（1）学会用生物量法，估算出湿地植物的固碳能力。

（2）学会从系统的角度计算人工湿地的碳平衡。

2. 活动原理

湿地作为一个多功能的生态系统，有着自己完整的碳平衡体系，其主要的碳循环包括碳的输入和输出。碳的输入主要是植物净生产力所固定的碳，碳的输出主要是湿地土壤有机质经微生物分解向大气所释放的二氧化碳和甲烷等气体。即：

湿地固碳量 = 植物固碳量 − 土壤二氧化碳和甲烷释放量

式中，各变量的单位均为千克碳 / 米 ^{2}。

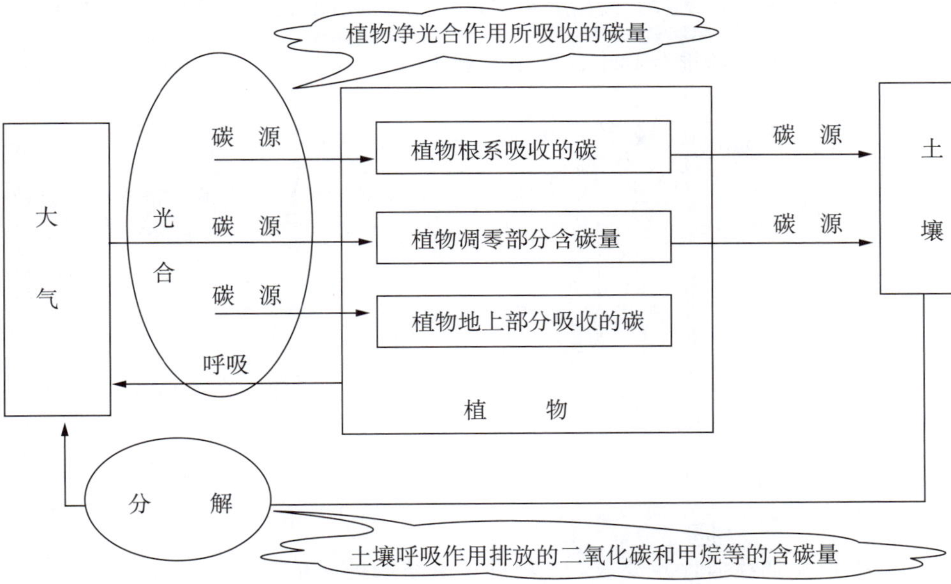

湿地的整体碳平衡图

湿地植物所固定和储存的碳含量核算方法主要是生物量法，即采用根据样方内单位植株的生物量、样方内植株密度，以及生物量在植物各器官中的分配比例、植物各器官的平均含碳量等参数结合湿地的总面积计算而成。可简化为：

植物固碳量＝株数 × 每株植物干重 × 该类植物平均含碳量（经验值）/ 湿地面积

式中，植物固碳量的单位为千克碳 / 米 ^{2}，该类植物平均含碳量单位为千克碳 / 千克。

土壤二氧化碳和甲烷释放量则可以根据经验值得出，水平潜流人工湿地系统二氧化碳和甲烷释放量为 $2.3 \times 10^{-2} \sim 2.95 \times 10^{-2}$ 千克碳 / 米 ^{2}、$0.91 \sim 0.92$ 千克碳 / 米 ^{2}。

3. 活动材料

卷尺、小刀、天平、烘箱等。

4. 活动步骤

(1) 对湿地每种植物进行取样。统计湿地中每种植物的株数，并选择长势处于平均水平的植物，每种植物取一株。

(2) 将植物用清水洗净，放在烘箱中烘干，烘箱温度设定为 40 ℃，放置 1 周。

(3) 将烘干的植物进行称重，并记录数据。

数据记录表

日期：__________　　记录员：__________　　湿地面积：__________

植物名称	株数	每株植物的干重（千克）	植物平均含碳量（经验值）（千克碳 / 千克）

5. 结果与讨论

(1) 根据实验数据计算出人工湿地的所有植物的固碳量。

(2) 根据给定的参数计算出人工湿地土壤二氧化碳和甲烷的释放量。

(3) 请计算出整个人工湿地的固碳量，并判断本校的人工湿地是"碳源"还是"碳汇"。

三、人工湿地模型设计及制作

1. 活动目的

熟练掌握人工湿地的组成，理解每种类型人工湿地的特征及工作原理。

2. 活动要求

请选择你喜欢的人工湿地类型（表面流人工湿地、水平潜流人工湿地或垂直流人工湿地），选择你喜欢的植物和基质，发挥想象设计一个有创意的人工湿地。并用给定的材料，制做出人工湿地的模型。

要求：人工湿地结构完整，外形美观，有一定的污水处理能力，可做一定的景观设计。

【拓展阅读】

红树林对减缓气候变化有巨大潜力①

在印度太平洋区，每公顷红树林的碳储量平均为1023吨碳当量。来自国际林业研究中心的科学家全面评估了印度尼西亚红树林的碳储量，结果表明，印度尼西亚每公顷红树林的碳储量为1083±378吨碳当量；其全国有红树林290万公顷，碳储存总量达31.4亿吨碳当量，占全球沿海生态系统碳存储量的三分之一。

印度尼西亚是世界上拥有红树林最多的国家之一，但也是红树林毁林率最高的国家之一。研究显示，过去30年来，印度尼西亚由于水产业的发展已经丧失40%的红树林；目前，每年仍有5.2万公顷的红树林遭破坏，每年因红树林毁林而排放的温室气体达1.9亿吨二氧化碳当量，占全球沿海生态系统服务（即沼泽、红树林和海草）破坏而排放温室气体的42%，这一排放量相当于印度尼西亚所有的小轿车绕地球两圈的排放量。印度尼西亚每年的红树林毁林在其森林总毁林中仅占6%，但是，如果制止红树林毁林，土地利用部门每年温室气体的排放量就会减少10%～31%。因此，保护印度尼西亚储碳丰富的红树林应当成为减轻气候变化高优先级策略的组成部分。

国际林业研究中心的首席科学家、论文的第一作者丹尼尔·穆迪亚索称，希望研究结果能够帮助决策者将红树林保护视为减缓气候变化的一个巨大的机会。目前，全球范围内红树林和泥炭地在减缓气候变化中的作用已经得到前所未有的关注，政府间气候变化专门委员会为各国评估沿海湿地生态系统的碳和温室气体排放及储存制定了指南。

① 资料来源：《中国绿色时报》，http://www.greentimes.com/green/news/hqxc/ywcz/content/2016-01/13/content_327160.htm。

【资料推荐】

1.《中国湿地报告》

原中央人民广播电台台长王求："这是我们媒体人对大自然的一次亲近，一次零距离的倾听和打量，旨在通过尽可能还原我国湿地及其生物的生存状态，盘点总结我们在湿地保护上的得失，同时也传达来自湿地的呼唤和叹息，借以唤醒尚未警觉的对自然过于乐观和麻木的心灵，激励人们树立尊重自然、顺应自然、保护自然的生态文明理念，为子孙后代留下一个山清水秀的美好家园。"

2. 湿地中国 http://www.shidi.org/

中国湿地门户，由国家林业局湿地保护管理中心（国际湿地公约履约办公室）主办，是宣传湿地保护的网络专区。通过湿地中国网站，可及时发布和了解湿地资讯、科研数据，欣赏湿地风光摄影图片、湿地文学作品。

3. 中国湿地科学数据库 http://www.marsh.csdb.cn/index.html

中国湿地科学数据库集成当今蓬勃发展的空间信息技术和计算机技术，提取、存储、集成、管理湿地资源现状及其空间分布动态信息。该湿地数据库的建立对于开展湿地数据挖掘，探索中国湿地空间分布及其景观动态变化规律，进行湿地定量研究等都具有重要意义。

第四单元
开发利用新能源

【科普知识】

一、能源概述

（一）能源的分类

究竟什么是“能源”呢？关于能源的定义，约有 20 种。例如，《科学技术百科全书》说：“能源是可从其获得热、光和动力之类能量的资源”；《大英百科全书》说：“能源是一个包括着所有燃料、流水、阳光和风的术语，人类用适当的转换手段便可让它为自己提供所需的能量”；《日本大百科全书》说：“在各种生产活动中，我们利用热能、机械能、光能、电能等来作功，可利用来作为这些能量源泉的自然界中的各种载体，称为能源”；我国的《能源百科全书》说：“能源是可以直接或经转换提供人类所需的光、热、动力等任一形式能量的载能体资源”。可见，能源是一种呈多种形式的，且可以相互转换的能量的源泉。确切而简单地说，能源是自然界中能为人类提供某种形式能量的物质资源。

煤炭

水利发电

风能

地热能

能源种类繁多，而且经过人类不断的开发与研究，更多新兴能源已经开始能够满足人类需求。目前已被投入广泛使用的能源有：煤炭、原油、天然气、煤层气、水能、核能、风能、太阳能、地热能、生物质能、潮汐能等。

根据不同的划分方式，能源也可分为不同的类型，这里提供以下 4 种分类方式。

1. 按能源来源进行分类

（1）来自地球外部天体的能源。这里包括太阳直接照射到地球上产生的能源，也包括间接来自太阳的能源。

（2）地球本身所蕴藏的能量。

（3）地球和其他天体相互作用而产生的能量。

2. 按能源能否再生进行分类

（1）可再生能源。凡是可以不断得到补充或能在较短周期内再产生的能源称为可再生能源。

（2）不可再生能源。不能在较短周期内再产生的能源称为不可再生能源。

3. 按能源消耗后是否造成环境污染进行分类

（1）清洁型能源。使用时对环境没有污染或污染小的能源。

（2）污染型能源。对环境污染较大的能源。

4. 按能源开发利用时期进行分类

（1）常规能源。利用技术上成熟，已被人类利用多年，目前仍在大规模使用的能源。

（2）新能源。新近利用或正在着手开发，近若干年来开始被人类利用，或过去易被利用现在又有新的利用方式。

（二）全球能源的发展趋势——能源的转型

根据英国石油公司报告的预测，2035 年前，所有类型的能源消费均有所增长，其中增长最快的是可再生能源（年均增长 6.4%）。核能（年均增长 1.9%）和水电（年均增长 1.8%）的增速均高于能源总体增长速度。在化石能源中，天然气消费增长最快（年均增长 1.9%），而且是超过能源总体增速的唯一化石能源。石油（年均增长 0.8%）增长最慢，煤炭（年均增长 1.1%）增速仅略高于石油。

各种能源的份额变化缓慢，石油的份额继续下降，其作为主导能源的地位将受到煤炭的挑战。天然气的份额稳步上升。到 2035 年，化石能源的总体份额将由 2012 年的 86% 下降至 81%，石油、天然气和煤炭的份额都将集中在 27% 左右；在非化石能源中，可再生能源（包括生物能源）的份额将从现在的 2% 迅速升至 7%，而水电和核能份额将基本不变，分别为 7% 和 5%。

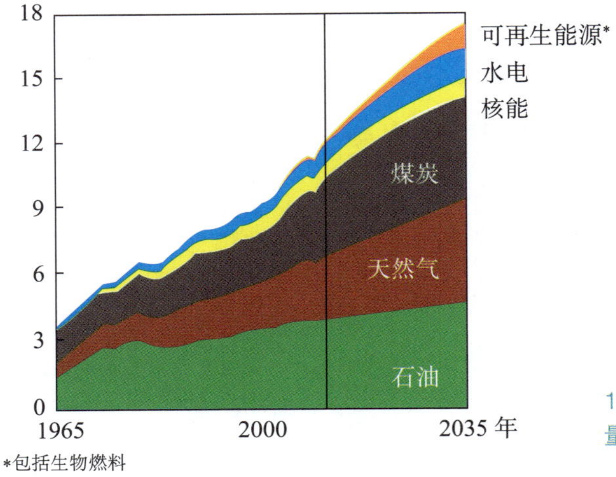

1965—2035 年各类能源消费量（单位：10 亿吨油当量）

根据世界能源理事会报告“高增长”图景的预估，到 2050 年，化石能源的总体份额将继续下降至 76.6%，天然气、石油和煤炭的份额都将集中在 25% 左右，其中天然气份额最高，为 26.6%，石油占比最低，为 24.6%，煤炭居中，为 25.4%。非化石能源中，核能的比重将继续下降至 4.2%，可再生能源（包括生物能源）的份额将继续上升至 19.2%，其中生物质能 11%，水能 2.4%，可再生能源 5.8%。

1. 化石能源发展趋势

（1）石油

预计到2035年，石油将会成为主要能源中增长速度最慢的一种，其需求量的年均增长率仅为0.8%；预计全部净需求增长均来自经济合作与发展组织以外的国家和地区。石油和其他液体能源（包括生物能源）供应量的增长将主要来自美洲和中东地区。

石油开采

（2）天然气

预计天然气将成为增长速度最快的化石能源，需求量以年均1.9%的速度增加。非经济合作与发展组织国家和地区预计将占需求增长量的78%，工业和发电是需求量增长最大的行业。到2035年，页岩气的供应量预计将会满足对天然气需求增长量的46%，占世界天然气产量的21%。

（3）煤炭

继石油之后，预计煤炭有望成为增长第二缓慢的主要能源，到2035年，其需求的年均增长率为1.1%。在此期间，增速趋缓，2020年以后年均增长率仅为0.6%。

天然气开采

2. 非化石能源发展趋势

总体而言，非化石能源消费的增速高于能源消费的增速，不论是在经济合作与发展组织（年均 1.8%）还是在非经济合作与发展组织（年均 4.3%）：2012 至 2035 年，经济合作与发展组织的非化石能源在一次能源中的比重将从 18% 增至 25%，而非经济合作与发展组织将从 10% 增至 16%。

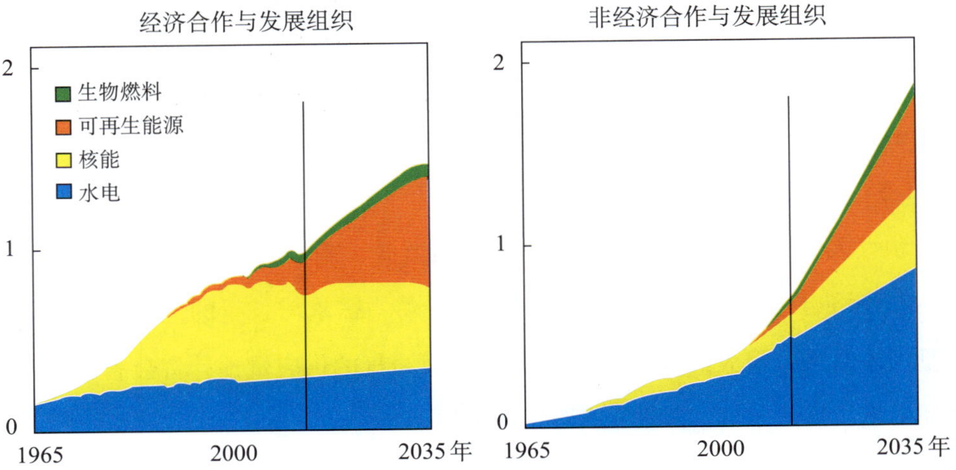

非化石能源消费量（单位：10 亿吨油当量）

想一想：

按照上述内容提供的能源分类方法，将下列能源填入表格：煤炭、原油、天然气、煤层气、水能、核能、风能、太阳能、地热能、生物质能、潮汐能。

按能源来源进行分类	来自地球外部天体的能源	地球本身所蕴藏的能量	地球和其他天体相互作用而产生的能量

（续表）

按能源能否再生进行分类	可再生能源	不可再生能源
按能源消耗后是否造成环境污染进行分类	清洁型能源	污染型能源
按能源开发利用时期进行分类	常规能源	新能源

完成表格后，总结最后一栏中的常规能源和新能源在其他分类方式中体现出的特点，并讨论新能源所具备的特点以及为什么能为应对气候变化提供帮助。

二、太阳能

太阳能是指太阳的热辐射能，主要表现就是常说的太阳光线。人类利用太阳能的历史悠久，自古就懂得利用阳光晒干物体、加工食物等。在现代，太阳能作为一种新兴的可再生能源，主要用于发电或者提供热能。在化石燃料日趋减少的情况下，太阳能已成为人类使用能源的重要组成部分，并不断得到发展。

（一）太阳能的利用方式

1. 光热利用

光热利用是指通过反射、吸收或其他方式把太阳辐射能集中起来，转换成足够高温度的过程。这种方式历史最为古老，技术水平相当成熟，成本低廉，工业化程度较高。太阳能热水器就是光热利用的典型。

太阳能热水器

2. 光伏利用

光伏利用是通过某些器件把收集到的太阳辐射能直接转换为电能再加以利用，其工作原理主要基于“光伏效应”，亦称“光电转换”。这种转换近几十年得到迅速发展，前景相当乐观。

太阳能光伏发电

3. 光化学利用

光化学利用基于光化学反应，其本质是物质中的分子、原子吸收太阳光子的能量后变成“受激原子”，受激原子中的某些电子的能态发生改变，使某些原子的价键发生改变，当受激原子重新恢复到稳定态时，即产生光化学反应。通过光化学反应转换成电能或制氢也是利用太阳能的一条途径。二三十年前曾有不少人在这方面作了许多研究工作，目前仍处于研究阶段。

4. 光生物利用

光生物利用是指通过光合作用收集与储存太阳能。近年来这方面的研究有所增加，人们期盼着出现突破性的进展。

（二）太阳能利用的发展历程

据记载，人类利用太阳能已有几千年的历史。而将太阳能作为一种能源和动力加以利用，只有几百年的历史。真正将太阳能作为“近期急需的补充能源”“未来能源结构的基础”，则是近来的事。近代太阳能利用历史可以从 1615 年法国工程师所罗门·德·考克斯发明世界上第一台太阳能驱动的发动机算起。1615—1900 年，多台太阳能动力装置和一些其他太阳能装置又研制成功。这些动力装置几乎全部采用聚光方式采集阳光，发动机功率不大，价格昂贵，实用价值不大。20 世纪 70 年代以来，太阳能科技突飞猛进，太阳能利用手段日新月异。20 世纪的 100 年间，太阳能科技发展历史大体可分为七个阶段。

第一阶段（1900—1920 年）：在这一阶段，世界上太阳能研究的重点是太阳能动力装置，但采用的聚光方式多样化，且开始采用平板集热器和低沸点工质，装置逐渐扩大，最大输出功率达 73.64 千瓦，使用目的比较明确，造价仍然很高。

第二阶段（1920—1945 年）：在这 20 多年中，太阳能研究工作处于低潮，参加研究工作的人数和研究项目大为减少，其原因与矿物燃料的大量开发利用和第二次世界大战（1939—1945 年）有关，太阳能不能解决人类当时对能源的急需，因此太阳能研究工作逐渐受到冷落。

第三阶段（1945—1965 年）：在第二次世界大战结束后的 20 年中，一些有远见的人士已经注意到石油和天然气资源正在迅速减少，呼吁人们重视这一问题，从而逐渐推动了太阳能研究工作的恢复和开展。这一阶段加强了对太阳能基础理论和基础材料的研究，取得了如太阳选择性涂层和硅太阳能电池等技术上的重大突破。平板集热器有了很大的发展，技术上逐渐成熟。太阳能吸收式空调的研究取得进展，建成一批实验性太阳房。对难度较大的斯特林发动机和塔式太阳能热发电技术进行了初步研究。

第四阶段（1965—1973 年）：这一阶段，太阳能的研究工作停滞不前，主要原因是太阳能利用技术处于成长阶段，尚不成熟，并且投资大，效果不理想，难以与常规能源竞争，因而得不到公众、企业和政府的重视和支持。

第五阶段（1973—1980 年）：各国加强了太阳能研究工作的计划性，不少国家制定了近期和远期阳光计划。开发利用太阳能成为政府行为，支持力度大大加强。国际上的合作十分活跃，一些第三世界国家开始积极参与太阳能开发利用工作。研究领域不断扩大，研究工作日益深入，取得一批较大成果，如 CPC（compound parabolic collector，太阳能集热器）、真空集热管、非晶硅太阳能电池、光解水制氢、太阳能热发电等。太阳能热水器、太阳能电池等产品开始实现商业化，太阳能产业初步建立，但规模较小，经济效益尚不理想。

第六阶段（1980—1992 年）：20 世纪 70 年代兴起的开发利用太阳能热潮，进入 80 年代后不久开始落潮，逐渐进入低谷。世界上许多国家相继大幅度削减太阳能研究经费。这一阶段，虽然太阳能开发研究经费大幅度削减，但研究工作并未中断，有的项目还进展较大，而且促使人们认真地去审视以往的计划和制定的目标，调整研究工作重点，争取以较少的投入取得较大的成果。

第七阶段（1992 年至今）:1992 年以后，世界太阳能利用又进入一个发展期，其特点是：太阳能利用与世界可持续发展和环境保护紧密结合，全球共同行动，为实现世界太阳能发展战略而努力；太阳能发展目标明确、重点突出、措施得力，有利于克服以往忽冷忽热、过热过急的弊端，保证太阳能事业的长期发展；在加大太阳能研究开发力度的同时，注意将科技成果转化为生产力，发展太阳能产业，加速商业化进程，扩大太阳能利用领域和规模，经济效益逐渐提高；国际太阳能领域的合作空前活跃，规模扩大，效果明显。

通过以上回顾可知，在20世纪100年间太阳能发展道路并不平坦，一般每次高潮期后都会出现低潮期，处于低潮的时间大约有45年。太阳能利用的发展历程与煤、石油、核能完全不同，人们对其认识差别大，发展时间长。这一方面说明太阳能开发难度大，短时间内很难实现大规模利用；另一方面也说明太阳能利用还受矿物能源供应、政治和战争等因素的影响，发展道路比较曲折。尽管如此，从总体来看，20世纪取得的太阳能科技进步仍比以往任何一个世纪都快。

步入21世纪之后，世界光伏产业继续以高增长速率发展，并且向百兆瓦级规模迈进。太阳能电池的组件成本大幅降低，薄膜电池技术获得突破，太阳能光伏建筑的集成及并网发电得到了更好的发展，并且太阳能海水淡化等新型利用方式也在被逐渐研发。

（三）太阳能开发的意义

1. 太阳能资源丰富、可以再生、清洁干净，是化石能源的理想替代能源

石油、天然气、煤炭等化石能源是目前全球消耗的最主要能源，但随着人类的不断开采，他们终将走向枯竭是不可避免的。根据BP石油公司2014年发布的报告，全球已探明石油储量到2013年底已增加到16880万亿桶，按现今的开采速度，这些储备仅够开采53.3年；全球已探明天然气储备量到2013年底增加到185.7万亿立方米，据专业人士评估，仅够开采54.8年。而根据美国能源情报署的统计数据，全球现已探明的煤炭可采储量为9000多亿吨，依照目前开采速度计算，尚可供开采200年左右。

同时，化石燃料燃烧排放出的二氧化碳、二氧化硫和烟尘等，是造成全球

变暖和其他类型环境污染与生态破坏的主要原因之一。根据政府间气候变化专门委员会的报告，二氧化碳是温室气体的主要组成部分，而其中 90% 以上的人为二氧化碳排放是化石能源消费活动产生的。

太阳能具有资源丰富、可以再生、干净清洁等特点，开发利用太阳能以逐渐减少和替代化石能源的使用，是保护环境、走经济社会可持续发展之路的重大举措。

2. 太阳能分布广泛、安全可靠，是解决特殊供电问题的现实能源

根据世界银行 2015 年 5 月公布的数据，全球仍有七分之一的人口尚未用上电。在一些地方，常规能源缺乏，但自然能源资源丰富，人口稀少，并且用电负荷不大，因而太阳能能源是解决其供电问题的重要途径。

另外，有些领域，如海上航标、高山气象站、地震测报台、森林火警监视站、光缆通信中继站、微波通信中继站、边防哨所、输油输气管道阴极保护站等在无常规电源等特殊条件下，其供电电源由太阳能提供，不消耗燃料，无人值守，最为先进、安全、可靠和经济。

光缆通信中继站

我国是能源消费大国，常规能源储备相对不足，因此，多元化的能源配置是解决我国能源问题的必由之路。太阳能能源在我国蕴藏量丰富。开发利用太阳能对我国的能源战略安全和环境、经济的可持续发展意义重大。

（四）太阳能发电原理

1. 聚光太阳能发电（concentrating solar power，简称 CSP）

聚光太阳能发电是采用反射镜把太阳光反射并聚集到接收器，该接收器能

够聚集太阳能并将其转换为热能，利用这种热能生产的水蒸气，推动涡轮发动机，从而驱动发电机发电，满足电力需求。从太阳能到电能的高效率转换特性，使CSP技术成为具有吸引力的可再生能源项目。

目前以塔式太阳能热发电为代表。塔式太阳能热发电站的聚光系统由数以千计带有双轴太阳追踪系统的反射镜阵列（称为定日镜）、一座（或数座）中央

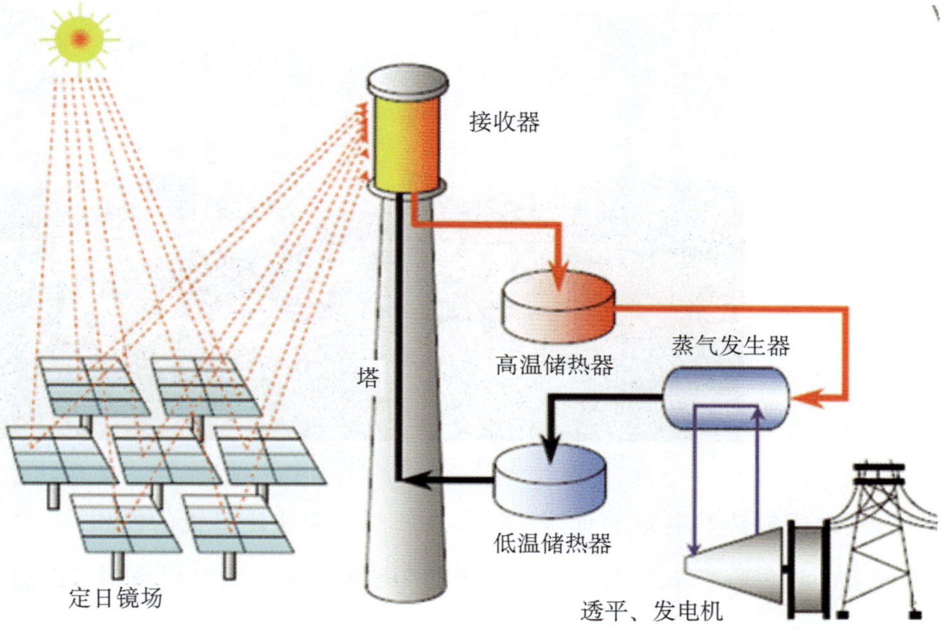

塔式太阳能热发电系统示意图

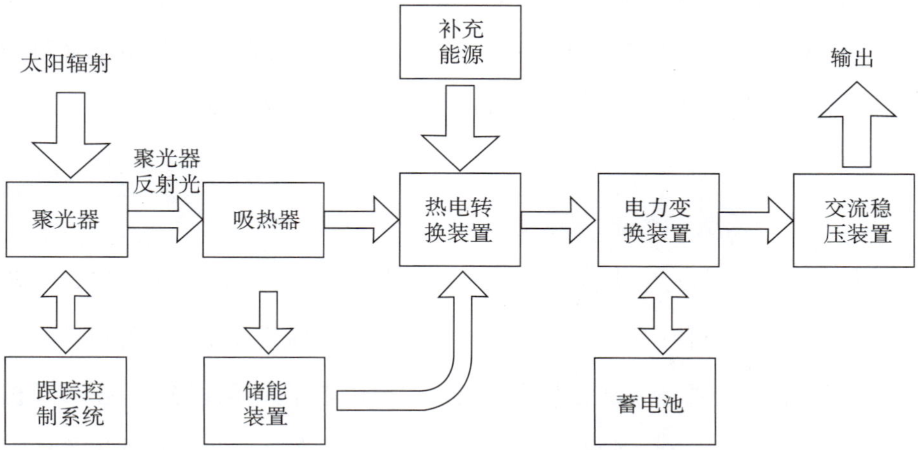

塔式太阳能热发电系统原理框图

集热塔、集能器（接收器）、储热器、发电机组（包括蒸气发生器）等5个主要部分构成。由反射镜阵列将太阳光聚焦到中央接收器上，接收器将聚集的太阳辐射能转化为热能，然后再将热能传递给热力循环工具。目前主要利用水，将水加热成水蒸气，水蒸气驱动热机做功发电。

塔式太阳能
热发电系统实景

塔式太阳能热发电站的具体结构多种多样，单块定日镜的面积从1.2平方米到120平方米不等，塔高也从50米到165米不等，聚光倍数则可以达到数百倍至上千倍。塔式电站的优点一是聚光倍数高，容易达到较高的工作温度。阵列中的定日镜数目越多，其聚光比越大，最高可达1∶500。运行温度为1000～1500℃，使其年度发电效率可以达到17%～20%。二是由于管路循环系统较槽式系统简单得多，提高效率和降低成本的潜力都比较大。

2. 太阳能光伏发电（solar photovoltaics）

光伏发电是根据光生伏特效应原理，利用太阳能电池将太阳光能直接转化为电能。不论是独立使用还是并网发电，光伏发电系统主要由太阳能电池板（组件）、控制器和逆变器三大部分组成，它们主要由电子元器件构成，不涉及机械部件，所以，光伏发电设备极为精炼，可靠稳定、寿命长、安装维护简便。理论上讲，光伏发电技术可以用于任何需要电源的场合，上至航天器，下至家用电源，大到兆瓦级电站，小到玩具，光伏电源无处不在。

太阳能光伏发电系统分为独立光伏发电系统和并网光伏发电系统。独立光伏发电系统包括边远地区的村庄供电系统，太阳能户用电源系统，通信信号电源、阴极保护、太阳能路灯等各种带有蓄电池的可以独立运行的光伏发电系统。

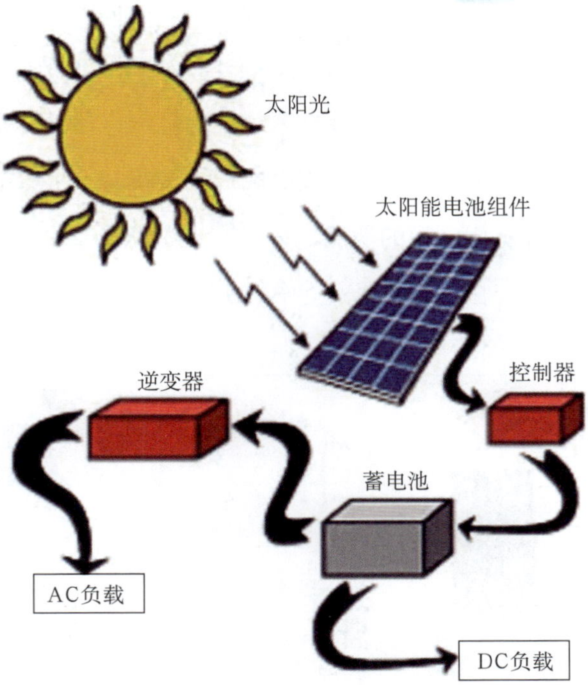

太阳能光伏发电系统示意图

太阳能路灯

并网光伏发电系统是与电网相连并向电网输送电力的光伏发电系统，可以分为带蓄电池的和不带蓄电池的并网发电系统。带有蓄电池的并网发电系统具有可调度性，可以根据需要并入或退出电网，还具有备用电源的功能，当电网因故停电时可紧急供电，常常安装在居民建筑；不带蓄电池的并网发电系统不具备可调度性和备用电源的功能，一般安装在较大型的系统上。下图便是太阳能并网光伏发电系统在一个普通家庭中的实际应用。

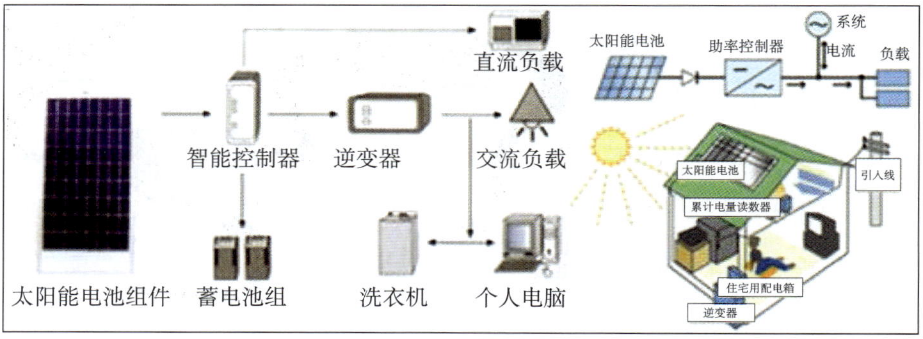

太阳能光伏系统的实际应用流程图

查一查：

1. 探究中国各地区年均可利用太阳能总量的分布，结合目前各地区太阳能的利用情况，探讨这种太阳能利用情况的原因，并比较光热、光伏利用方式的利弊。（提示：可以通过“资料推荐”中的相关网站，查找所需资料）

2. 根据以上所学内容，并进行资料查阅，对太阳能的开发及应用的限制进行讨论，探讨提高太阳能发电量的方法，以及从技术和政策上分析进行太阳能推广的手段。

三、风能

（一）风能简介

风能是因空气流做功而提供给人类的一种可利用的能源，属于可再生能源。空气流速越大，动能越大。人们可以用风车把风的动能转化为旋转的动力去推动发电机，以产生电力。根据 2016 年 2 月全球风能协会发布的最新统计报告显示，全球风力发电能力在 2015 年底达到 43242 万千瓦，较 2014 年底增长 17%，首次超过核能发电。报告显示，2015 年全球新增风电为 6301 万千瓦，创历史最高。

人类利用风能的历史可以追溯到公元前，但数千年来，风能技术发展缓慢，没有引起人们足够的重视。自 1973 年世界石油危机以来，在常规能源告急和全球生态环境恶化的双重压力下，风能作为新能源的一部分才重新有了长足的发展。风能作为一种无污染和可再生的新能源有着巨大的发展潜力，特别是对沿海岛屿、交通不便的边远山区、地广人稀的草原牧场，以及远离电网和近期内电网还难以达到的农村、边疆，作为解决生产和生活能源的一种可靠途径，有着十分重要的意义。即使在发达国家，风能作为一种高效清洁的新能源也日益受到重视。

（二）风力发电的原理

就目前的技术水平来讲，风力发电的基本原理是：通过风轮把风的动能转化为机械能带动发电机旋转发出电能。要实现风能到电能的转变，风力发电设备必须具有如下 2 个基本要素：风轮和发电机。

风轮的作用是从自然界的风中捕获动能并将其转化为旋转的机械能；发电机的作用是通过电磁感应把旋转的机械能转化为电能供用户使用。

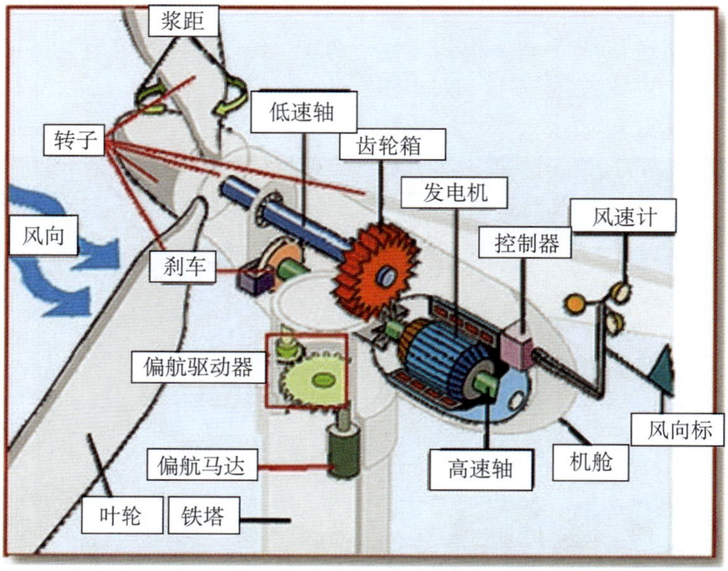

风力发电机组的机械结构图

风力发电机组各组件及功能简介

风轮部分组件	功能	发电机部分组件	功能
叶轮	把风能传给后续机械的具有叶片的旋转体	发电机	将机械能转换为电能的机械部分
刹车	紧急情况下，风力发电机的制动装置	控制器	根据风速风向，调节风能发电机的运作
变速箱	包含低速轴、高速轴、齿轮箱，通过半径、齿数不同的齿轮将输入的低速转化为高速输出		
偏航系统	包含偏航驱动器和偏航马达，控制风轮的朝向，以更好地利用风能		

（三）风力发电机主要技术指标参数

风轮直径：通常风力发电机的功率越大，直径越大，横截面的增大可以在单位时间内获取更多的风能。

叶片数目：高速风力发电机为 2 ~ 4 片，低速风力发电机大于 4 片。

叶片材料：常采用高强度低密度的复合材料，高强度确保叶片的安全性，低密度使得叶片在发电时可以更轻便地旋转，减少能量的损失。

风能利用系数（即风力发电机将风能转化成电能的转换效率）：一般为 0.15 ~ 0.5，表示有 15% ~ 50% 的风能可以转化为电能。

启动风速（即风力发电机启动的最小风速）：一般为 3 ~ 5 米 / 秒。

停机风速：通常为 15 ~ 35 米 / 秒。当风速大于停机风速时，风力发电机可能会发生故障，为确保安全，需要停机。

输出功率：现代风力发电机一般为几百千瓦至几兆瓦。

发电机：分为直流发电机和交流发电机。

（四）我国风能资源概况

我国平均风能密度为 100 瓦 / 米 ^{2}，风能资源总储量约 1.6×10^5 兆瓦，特别是东南沿海及附近岛屿、内蒙古和甘肃走廊、东北、西北、华北和青藏高原等部分地区，风能资源丰富，具有很大的开发利用价值。根据全国有效风能密度、有效风力出现时间百分率，以及大于或等于 3 米 / 秒和 6 米 / 秒风速的全年累积小时数，可将我国风能资源划分为如下几个区域。

第一区域，东南沿海及其岛屿，为我国最大风能资源区。这一地区，有效风能密度大于或等于 200 瓦 / 米 ^{2} 的等值线平行于海岸线，沿海岛屿的风能密度在 300 瓦 / 米 ^{2} 以上，有效风力出现时间百分率达 80% ~ 90%，大于或等于 8 米 / 秒的风速全年出现时间为 7000 ~ 8000 小时。

第二区域，内蒙古和甘肃北部，为我国次大风能资源区。这一地区，终年在西风带控制之下，而且又是冷空气入侵首当其冲的地方，风能密度

甘肃戈壁滩上的风能发电

为 200 ~ 300 瓦 / 米 ^{2}，有效风力出现时间百分率为 70% 左右，大于或等于 3 米 / 秒的风速全年有 5000 小时以上，大于或等于 6 米 / 秒的风速全年在 2000 小时以上，风能资源从北向南逐渐减少，但不像东南沿海梯度那么大。这一地区的风能密度虽较东南沿海小，但其分布范围较广，是我国连成一片的最大风能资源区。

第三区域，黑龙江和吉林东部以及辽东半岛沿海，风能也较大。这一地区风能密度在 200 瓦 / 米 ^{2} 以上，大于或等于 3 米 / 秒和 6 米 / 秒的风速全年累积时数分别为 5000 ~ 7000 小时和 3000 小时。

第四区域，青藏高原、三北地区的北部和沿海，为风能较大区。这个地区（除去第三区域），风能密度为 150 ~ 200 瓦 / 米 ^{2}，大于或等于 3 米 / 秒的风速全年累积时数为 4000 ~ 5000 小时，大于或等于 6 米 / 秒风速全年累积时数为 3000 小时以上。

第五区域，云南、贵州、四川，甘肃、陕西南部，河南、湖南西部，福建、广东、广西的山区以及塔里木盆地，为我国最小风能区。这些地区有效风能密度在 50 瓦 / 米 ^{2} 以下，可利用的风力仅有 20% 左右，大于或等于 3 米 / 秒的风速全年累积时数在 2000 小时以下，大于或等于 6 米 / 秒的风速在 150 小时以下。这一地区除高山顶和峡谷等特殊地形外，风能潜力很低，无利用价值。

第六区域，即在以上 5 个区域以外的广大地区，为风能季节利用区。有的在冬、春季可以利用，有的在夏、秋季可以利用。这一地区，风能密度为 50 ~ 100 瓦 / 米 ^{2}，可利用风力为 30% ~ 40%，大于或等于 3 米 / 秒的风速全年累积时数为 2000 ~ 4000 小时，大于或等于 6 米 / 秒的风速在 1000 小时左右。

想一想：

1. 根据我国风能资源概况的内容，结合风力发电的条件，并查阅目前较为成功的风力发电案例，给出何处适合发展风力发电及其可能的发展方法，并估算可能代替传统能源的发电量和减少的碳排放量。（一台 1.5 兆瓦的风力发电机每年能生产 300 ~ 500 万千瓦时的洁净电能，一台 5 兆瓦风力发电机每年能生产 1700 万千瓦时的洁净电能，每千瓦时电力相当于标准煤 0.1229 千克）

2. 通过查找资料，了解除太阳能及风能以外的新能源，包括生物质能、水能、核能等，并进行分享，也可以发挥想象，结合现有的知识，设想未来可能利用的新能源。

【探究活动】

一、太阳能小车的制作

本项目使用 PVCBOT[31 号] 光行者——太阳能摩托，其中包括一张说明书及以下器材，配套说明书上有详细的剪裁、钻孔、开槽图纸。学生可根据原理及想象，自行设计太阳能小车形状。

序号	名称	规格	数量	备注
1	PVC 线槽	横截面积 2.4 厘米 ×1.4 厘米，长度 15 厘米	1 个	主要器材
2	小电机	微型 1.5 伏电机，轴径 1 毫米	1 个	动力
3	太阳能电池板	2 伏，50 毫安	1 片	电源
4	拨动开关	小拨动开关	1 个	电源开关
5	电路导线	长 10 厘米（2 红、1 黑）	3 根	电路连接
6	主轴齿轮	模数 5，孔径 1 毫米（10–1A）	1 个	减速齿轮
7	双层大齿轮	模数 5，孔径 2 毫米（3010–2B）	1 个	减速齿轮
8	单层大齿轮	模数 5，孔径 2 毫米（36–2A）	1 个	减速齿轮
9	大滑轮	皮带滑轮，直径 24 毫米	3 个	车轮
10	橡皮圈	直径 15 毫米	3 条	车轮轮胎
11	短轴	长 3.0 厘米，直径 2 毫米	1 个	齿轮轴
12	短轴	长 3.0 厘米，直径 2 毫米	1 个	前轮车轴
13	长轴	长 5.0 厘米，直径 2 毫米	1 个	后轮车轴
14	塑料垫圈	直径 2 毫米	6 个	车轴固定垫圈
15	M2*6 螺丝 / 螺母	直径 2 毫米，长 6 毫米	1 对	固定电机
16	M2*6 螺丝 / 螺母	直径 2 毫米，长 6 毫米	1 对	前轮转向轴
17	M2*6 螺丝 / 螺母	直径 2 毫米，长 6 毫米	1 对	固定太阳能支架

1. 运动方式

本项目的三轮小车的两个后轮作为“动力轮”提供动力，驱动小车前进；三轮小车的一个前轮是作为“转向轮”，可以控制小车转向。

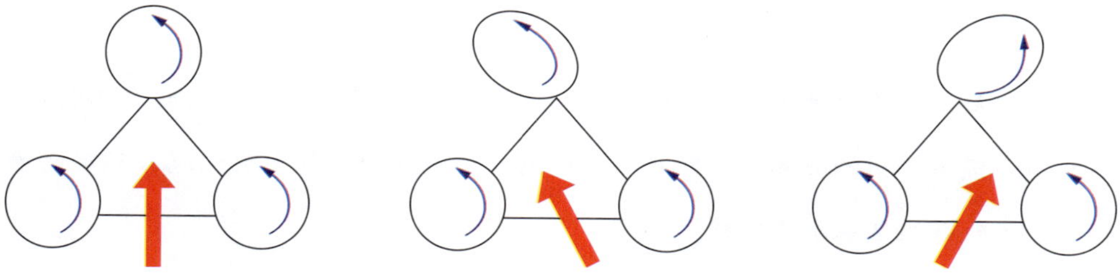

太阳能小车转向原理

（1）当前轮与两个后轮的方向平行时，小车是直线前进的。

（2）当前轮往左偏，则小车向左拐弯。当前轮一直往左偏，则小车会原地围绕一个圆周逆时针转圈。

（3）当前轮往右偏，则小车向右拐弯。当前轮一直往右偏，则小车会原地围绕一个圆周顺时针转圈。

2. 驱动原理

小车利用太阳能电池作为电源，不过由于太阳能电池的效率不高、功率较小，所以我们也选择启动电流比较小的电机作为动力引擎的电机，以便太阳能电池能够驱动其转动起来。

电机驱动车轮还需要有能够把电机“高转速、低扭矩”转变为“低转速、高扭矩”的减速传动结构。为此，我们将采用一种被称为“齿轮传动”的结构，这是一种组装精度要求较高的传动结构，但其传动过程中损耗的能量比较小，能够把小功率太阳能电机输出的动力尽可能多地传输到车轮上，确保太阳能也能够驱动小车行驶。

为了提高减速比，即让“减速＋增力”的效果更明显，我们采用两级齿轮减速传动结构，每级齿轮组由互相咬合的大小两个齿轮端组成（剖面图中蓝色虚线圈为组 1，红色虚线圈为组 2），其中：

(1) 组 1 的小齿轮端（主轴齿轮）作为整个传动结构的输入端连接着电机（电机轴）；

(2) 组 2 的大齿轮端（单层齿轮）作为整个传动结构的输出端连接着车轮（轮轴 2）；

(3) 双层齿轮由大小两个齿轮叠在一起组成，这两个部分（大齿轮和小齿轮）分别是两级齿轮组的一部分，即双层齿轮的大齿轮是组 1 的大齿轮端，双层大齿轮的小齿轮是组 2 的小齿轮端。

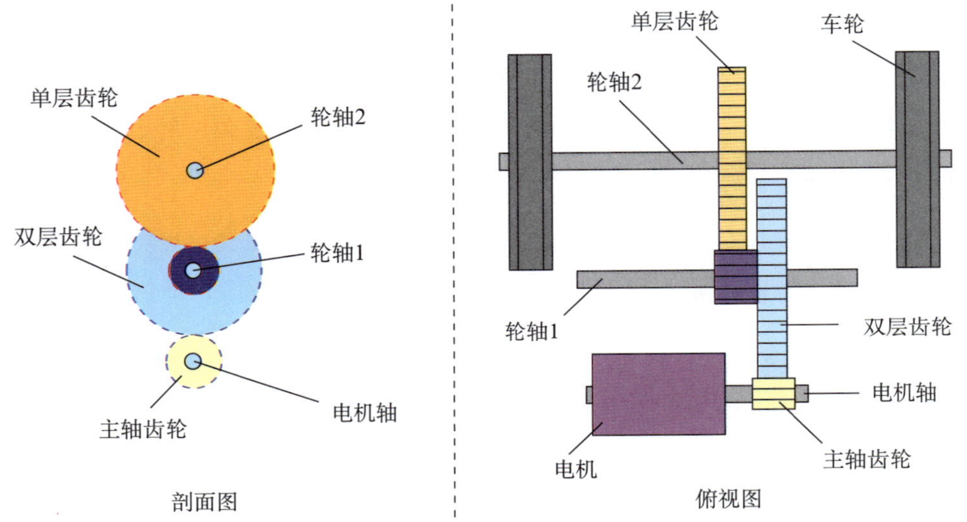

PVCBOT[31号] 齿轮减速传动结构

电机转动，通过组 1（主轴齿轮→双层齿轮的大齿轮端）进行了一次减速，然后经过组 2（双层齿轮的小齿轮端→单层齿轮）再进行进一步的减速，最终驱动车轮转动从而带动小车前进。

3. 电力原理

本项目虽然采用太阳能电池作为电源，但控制电路也不复杂，只是把常规电池换成太阳能电池。

学生 2 ~ 4 人一组完成小车的制作，并根据制作过程中的体会，探讨太阳能在生活中可以开发的实际应用以及需要克服的问题。

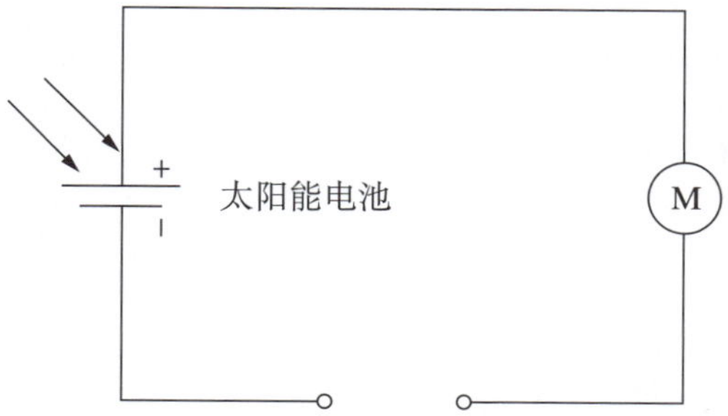

PVCBOT[31号] 电路原理图

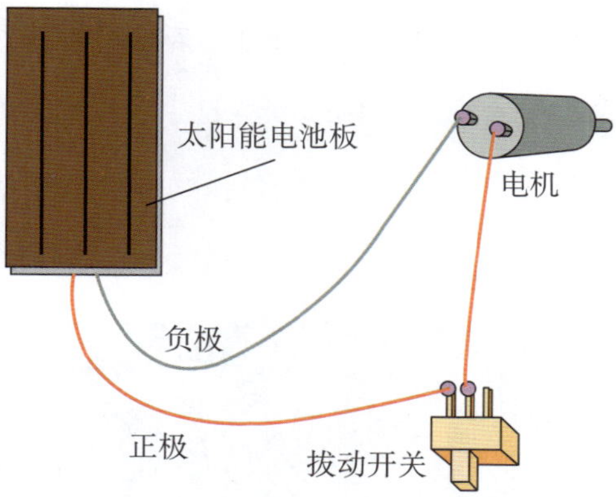

PVCBOT[31号] 电路焊接示意图

4. 学生作品展示

二、风力发电机叶片形状的探究

风力发电机的叶片形状是设计时最重要的因素之一，在相同的风力条件下，不同形状的叶片其效率各不相同。

1. 水平轴风力发电机

风轮轴与风向平行，风轮上的叶片径向安装，与风轮的旋转平面成一角度（称为安装角）。高速运行时有较高的风能利用率，但启动时需要较高的风速。

凡属水平轴风力发电机，叶片数目往往是奇数设计，因此常见的水平轴风力机叶片为3片。这是因为，若采用偶数片形状对称的扇叶，不易调整平衡，还很容易使系统发生共振，倘若叶片材质又无法抵抗振动产生的疲劳，将会使叶片或中心发生断裂。3片叶有较好的动平衡，不易产生振荡，能减少轴承的磨损，降低维修成本。

两种水平轴风力发电机叶片

2. 垂直轴风力发电机

风轮围绕一个垂直轴旋转与风向垂直，其优点是可以接受来自任何方向的风。垂直轴风力发电机具有启动风速低、风能利用率高的特点，能够在风向不定的情况下持续稳定运行，较一般风机对安装环境要求低，适应性强。

3种垂直轴风力发电机叶片

垂直轴风力发电机全方位接收来风，可应对风向多变的情况，无需偏航系统和调向装置，降低了架机难度和运行成本，同时也提高了总的风能利用率。

3. 其他形状风力发电机

改良后的风力涡轮机是专为那些低风速和风向多变的地区设计的。传统的风力涡轮机捕获水平方向的风并且必须随风旋转，经过改良后的涡轮机能够捕获来自四面八方的风。

风塔式风力涡轮机是一种垂直的风力涡轮机，相当于改良的风力涡轮机，在较大和较小风速的情况下也可以正常运转。运转原理：风塔式涡轮机拥有大而薄的螺旋桨转子，其垂直的螺旋桨用来旋转发电。

空气转动涡轮发电机的外形酷似飞船，是一种位于高空的风力发电机，其内部充满了氦气，所以可以保持漂浮状态。运转原理为，风吹动空气转动涡轮的尾翼使其围绕着一个水平轴旋转，经过旋转产生的电被传送到电源线，而后经由两股线圈被传送到地面。

改良后的风力涡轮机

风塔式风力涡轮机

空气转动涡轮发电机

观察各种风力发电机的形状，也可以凭想象自行设计形状，用易拉罐、硬纸等材料制作风车，探究风力发电机不同叶片形状在不同风速风向条件下的转速，探寻合适的叶片面积及长度，并总结各形状的优缺点，讨论其在实际应用中的适用地区。

三、“新能源进家庭”活动

(1) 记录自己家庭每周甚至每日的能源消耗。条件允许的话，可以选取一天，每小时读取电表和煤气表的读数，绘制该日每小时的能源消耗情况。

(2) 根据每周的能源消耗，估算家庭全年的电、气消耗，估算时建议将各季节各种家用电器使用情况的不同考虑在内。

(3) 结合之前学习以及查阅所得的新能源知识，设计一个方案，结合房屋构造、社区结构等的实际情况，对家庭、社区进行改造，可以详细到在何处安装太阳能电池板等，用新能源代替家庭全年的能源消耗。

(4) 探讨改造方案的成本、收益以及可行性，进一步体会新能源在实际推广中的困难。

【拓展阅读】

纪录片《The Big Energy Gamble》(《能源豪赌》)

化石燃料被认为"将在未来数十年后枯竭"。但是现在，随着美国的"页岩气革命"，世界各国纷纷引入最尖端的技术，我们正在迎来一个大增产的时代。无论是从超深海中掘凿出石油的巴西，还是从焦油砂中炼出石油，从而摇身变为世界屈指可数的石油大国的加拿大。这些新型的化石燃料，正在被能源需求暴增的新兴国家消费。而另一方面，核电站也在加速建设中。沙特阿拉伯、阿联酋等产油国也随着经济的发展而产生了大量的电力需求，用核能来满足这些需求。再加上以很小的代价就能够导入核电站的新型产业结构的出现，即使是资金不太充裕的新兴国家们也开始了自己的核电站建设。而我们就以那些意料之外的新兴国的能源消费，和世界各地的能源开采为材料，为你描绘出在世界范围内加速的能源的湍流。

2013 年，煤炭在阔别半个世纪以后重新回到了世界能源消费的第一位，刷新了二氧化碳以前的最大排放量。作为应对策略最后王牌的，将二氧化碳深埋地下的 CCS(carbon capture and storage，二氧化碳捕获和封存) 技术虽然已经被开发出来，但依然任重道远。另外，不会产生温室气体的核电站也因为各个国家在处理核废料的问题上陷入了僵局。此时摆上台面的是在地球的某个地方，世界各国可以共用的废料处理点的这个大问题。而这正引起一轮新的不安。若继续保持这种不断膨胀的能源消费，地球将会变成什么样子呢？有什么方法能保持经济的发展和地球环境的维持两者之间的平衡吗？我们将征询专家的看法，重新思考如何面对能源问题。

想一想：

观看记录片《The Big Energy Gamble》（《能源豪赌》），思考新能源在实际推广中可能遇到的麻烦与限制，结合目前我国的新能源（例如光伏产品）推广现状，思考新能源在实际应用中的利弊，探讨如何让更多新能源进行正确的推广，走进我们的日常生活。

【资料推荐】

1. 国家能源局 http://www.nea.gov.cn/
2. 国家能源网 http://www.ocpe.com.cn/
3. 中国能源网（《中国能源报》官方网站）http://www.cnenergy.org/
4. 中国新能源网 http://www.newenergy.org.cn/
5. 太阳能光伏网 http://solar.ofweek.com/
6. 中国光伏网 http://www.taiyangn.com/
7. 光伏亿家 http://www.solarzoom.com/
8. 北极星太阳能光伏网 http://guangfu.bjx.com.cn/

第五单元
应对气候变化的责任与贡献

【科普知识】

一、国际应对气候变化的政治背景

气候变化问题涉及各个国家，几乎没有一个国家能够在气候变化的危害中置身事外，因而气候变化问题在近年来迅速引起国际社会的普遍关注，各国都普遍认识到解决气候变化问题的迫切性。联合国现任秘书长潘基文将应对金融危机、气候危机和核不扩散问题列为当前国际社会面临的三大挑战。但由于气候变化问题的解决在一定程度上与当今经济发展的进程有冲突，再加上应对气候变化过程中涉及的国家利益分配和责任承担的问题，使得各国之间矛盾重重。虽然这些年来国际应对气候变化取得了一定的成效，但距其最终解决依然是任重而道远。

目前在气候变化问题中，由于国家力量、国家利益等一系列因素的影响，形成了一些利益集团或个体。典型的有新兴市场国家、伞形集团、欧盟、发展中国家（77 国集团 + 中国）、海岛国家等，从而使得气候变化问题的国际政治背景愈加复杂。同时气候变化问题的国际参与者不仅仅是主权国家和国家利益集团，许多国际组织也积极参与其中，如政府间气候变化专门委员会、联合国环境规划署、世界气象组织、联合国开发计划署、世界银行、全球环境基金等政府间国际组织和气候行动网络，以及绿色和平组织、地球之友等非政府间国际组织。再加上跨国企业、大众传媒、学术机构和某些个人的参与，使得应对气候变化的国际舞台上可谓风起云涌，异彩纷呈。

二、国际应对气候变化的主要进程

1979 年，第一次世界气候大会在瑞士日内瓦召开，在大会上，科学家警告说，大气中的二氧化碳浓度增加将导致地球升温，气候变化第一次作为一个受到国际社会关注的问题被提上议事日程。

1988 年，联合国环境规划署和世界气象组织联合建立了政府间气候变化专门委员会（IPCC），其主要任务是对气候变化的现状，气候变化对社会、经济的潜在影响以及如何适应和减缓气候变化的可能对策进行评估。IPCC 于 1990 年、1995 年、2001 年、2007 年和 2013 年相继五次完成了评估报告，这些报告已成为国际社会认识和了解气候变化问题的主要科学依据。

IPCC 所在地——世界气象组织总部大楼

1992 年，联合国环境与发展大会在巴西里约热内卢召开，《联合国气候变化框架公约》正式开放签字。1994 年 3 月 21 日这一公约正式生效。1995 年起，《联合国气候变化框架公约》缔约方每年召开缔约方大会，以评估应对气候变化的进展。《联合国气候变化框架公约》是国际上第一个应对气候变化的国际公约，同时也是迄今为止参与国家最多、影响范围最广、关注程度最高的气候变化国际公约。其“共同但有区别的原则”成为当前国际气候变化谈判的基本原则。“共同”是指解决气候变化问题事关全球，每个国家都有义务参与其中；“有区别”是指发达国家和发展中国家由于碳排放量和经济技术水平的差异，在应对气候变化的过程中承担不同的责任，履行有区别的义务。

1997 年底在日本京都府京都市所召开的《联合国气候变化框架公约》第 3

次缔约方会议制定了《京都议定书》。2005 年 2 月 16 日，《京都议定书》正式生效。《京都议定书》全称为《联合国气候变化框架公约的京都议定书》，是《联合国气候变化框架公约》的补充条款，其目标是“将大气中的温室气体含量稳定在一个适当的水平，进而防止剧烈的气候变化对人类造成伤害”。

2007 年底，《联合国气候变化框架公约》第 13 次缔约方大会在印度尼西亚巴厘岛举行。会议着重讨论“后京都”问题，即《京都议定书》第一承诺期在 2012 年到期后如何进一步降低温室气体的排放；并产生《巴厘路线图》，决定在 2009 年年底前完成《京都议定书》第一承诺期，并进行了关于议定书于 2012 年到期后全球应对气候变化新安排的谈判并签署有关协议。

2009 年底，《联合国气候变化框架公约》第 15 次缔约方会议在丹麦首都哥本哈根市举行，这一会议也被称为哥本哈根联合国气候变化大会。此次大会共有来自 192 个国家的代表就《京都议定书》一期承诺到期后的后续方案进行磋商，但在减排承诺、长期目标、资金技术等问题上并未达成任何实质性的成果，最后形成了不具有法律约束力的《哥本哈根协议》。

2010 年底，《联合国气候变化框架公约》第 16 次缔约方会议在墨西哥坎昆举行，大会通过了《坎昆协议》，取得了两项重要成果：一是坚持了《联合国气候变化框架公约》《京都议定书》和《巴厘路线图》，坚持了“共同但有区别的责任”原则，确保了下一年的谈判继续按照《巴厘路线图》确定的双轨方式进行；二是就适应、技术转让、资金和能力建设等发展中国家关心问题的谈判取得了不同程度的进展，谈判进程继续向前，向国际社会发出了比较积极的信号。

2015 年底，在法国巴黎召开的《联合国气候变化框架公约》第 21 次缔约方大会，《联合国气候变化框架公约》近 200 个缔约方一致同意通过《巴黎协定》。《巴黎协定》指出，各方将加强对气候变化威胁的全球应对，把全球平均气温较工业化前水平升高控制在 2 ℃之内，并为把升温控制在 1.5 ℃之内而努力。根据协定，各方将以“自主贡献”的方式参与全球应对气候变化行动。发达国家将继续带头减排，并加强对发展中国家资金、技术和能力建设的支持，帮助后者减缓和适应气候变化。

三、强化应对气候变化行动——中国国家自主贡献

气候变化作为全球性问题，需要国际社会携手应对。多年来，各缔约方在《联合国气候变化框架公约》实施进程中，按照共同但有区别的责任原则、公平原则、各自能力原则，不断强化合作行动，取得了积极进展。

中国是拥有超过 13 亿人口的发展中国家，是遭受气候变化不利影响最为严重的国家之一。中国正处在工业化、城镇化快速发展阶段，面临着发展经济、消除贫困、改善民生、保护环境、应对气候变化等多重挑战。积极应对气候变化，努力控制温室气体排放，提高适应气候变化的能力，不仅是中国保障经济安全、能源安全、生态安全、粮食安全以及人民生命财产安全，实现可持续发展的内在要求，也是深度参与全球治理、打造人类命运共同体、推动全人类共同发展的责任担当。

（一）中国强化应对气候变化行动目标

长期以来，中国高度重视气候变化问题，把积极应对气候变化作为国家经济社会发展的重大战略，把绿色低碳发展作为生态文明建设的重要内容，采取了一系列行动，为应对全球气候变化做出了重要贡献。

2014 年，中国单位国内生产总值二氧化碳排放比 2005 年下降 33.8%，非化石能源占一次能源消费比重达到 11.2%，森林面积比 2005 年增加 2160 万公顷，森林蓄积量比 2005 年增加 21.88 亿立方米，水电装机达到 3 亿千瓦（是 2005 年的 2.57 倍），并网风电装机达到 9581 万千瓦（是 2005 年的 90 倍），光伏装机达到 2805 万千瓦（是 2005 年的 400 倍），核电装机达到 1988 万千瓦（是 2005 年的 2.9 倍）。

植树造林

面向未来，中国已经提出了到2020年全面建成小康社会，到21世纪中叶建成富强民主文明和谐的社会主义现代化国家的奋斗目标；明确了转变经济发展方式、建设生态文明、走绿色低碳循环发展的政策导向，努力协同推进新型工业化、城镇化、信息化、农业现代化和绿色化。中国将坚持节约资源和保护环境基本国策，坚持减缓与适应气候变化并重，坚持科技创新、管理创新和体制机制创新，加快能源生产和消费革命，不断调整经济结构、优化能源结构、提高能源效率、增加森林碳汇，有效控制温室气体排放，努力走一条符合中国国情的经济发展、社会进步与应对气候变化多赢的可持续发展之路。

根据自身国情、发展阶段、可持续发展战略和国际责任担当，中国确定了到2030年的自主行动目标：二氧化碳排放2030年左右达到峰值并争取尽早达峰；单位国内生产总值二氧化碳排放比2005年下降60%～65%，非化石能源占一次能源消费比重达到20%左右，森林蓄积量比2005年增加45亿立方米左右。中国将继续主动适应气候变化，在农业、林业、水资源等重点领域和城市、沿海、生态脆弱地区形成有效抵御气候变化风险的机制和能力，逐步完善预测预警和防灾减灾体系。

（二）中国强化应对气候变化行动政策和措施

为实现到2030年的应对气候变化自主行动目标，需要在已采取行动的基础上，持续不断地做出努力，在体制机制、生产方式、消费模式、经济政策、科技创新、国际合作等方面进一步采取强化政策和措施。

（1）实施积极应对气候变化国家战略。

（2）完善应对气候变化区域战略。

（3）构建低碳能源体系。

（4）形成节能低碳的产业体系。

（5）控制建筑和交通领域排放。

（6）努力增加碳汇。

（7）倡导低碳生活方式。

（8）全面提高适应气候变化的能力。

（9）创新低碳发展模式。

（10）强化科技支撑。

（11）加大资金和政策支持。

（12）推进碳排放权交易市场建设。

（13）健全温室气体排放统计核算体系。

（14）完善社会参与机制。

（15）积极推进国际合作。

【探究活动】

模拟联合国气候变化谈判

2015年是全球应对气候变化的又一个重要节点。2015年11月30日—12月11日，第21届联合国气候变化大会，即《联合国气候变化框架公约》第21次缔约方大会暨《京都议定书》第11次缔约方大会在法国首都巴黎举行，《联合国气候变化框架公约》190多个缔约方一致同意通过《巴黎协定》，协定将为2020年后全球应对气候变化行动作出安排。

本次活动将模拟第21届联合国气候变化大会，围绕《巴黎协定》进行谈判。将学生分成10各小组，分别代表中国、印度、巴西、南非、日本、澳大利亚、加拿大、美国、欧盟、俄罗斯，阐述各方的立场。

1. 谈判主题

《巴黎协定》。

2. 谈判目的

使“大气中温室气体的浓度稳定在防止气候系统受到危险的人为干扰的水平上”。

3. 谈判内容

包括减缓、适应、融资、技术和能力建设以及采取行动和支持的透明性。

4. 谈判分歧

分歧主要集中在减排责任的分配和发达国家对发展中国家的资金支持等问题上。

发展中国家认为，发达国家对全球变暖负有历史责任，必须无条件地带头进行绝对量减排；而发展中国家仍然面临发展经济、消除贫困、改善民生等挑战，只能在得到发达国家资金和技术支持的前提下开展灵活多样的减排行动。

发达国家则说，各国目前的温室气体排放、经济实力对比等都发生了很大变化，新协议应反映这些变化，在减排责任上不能再区分发达国家和发展中国家。

此外，各方在资金来源、部分协议要素的法律约束力、对各国行动的评估和监督机制等问题上也没有达成一致。

5. 谈判过程

谈判屡次陷入僵局，合作共赢是唯一出路。

6. 各方立场

国家名称	立场
中国	
印度	
巴西	
南非	
日本	
澳大利亚	
加拿大	
美国	
欧盟	
俄罗斯	

7. 谈判成果

提出全球减排的总体目标，如 2020 年全球达到碳排放峰值、2050 年全球温室气体排放总量比 2010 年低 40% ~ 70%、2100 年接近二氧化碳零排放。

协议将绿色气候基金作为其主要金融实体，要求发达国家从 2020 年起每年以其国内生产总值1%的规模向该基金注资。

此外，新协议要求各方定期提出或更新行动承诺，周期为5年或10年，协议本身的有效期可能是10年、20年、30年、80年或无限期。

主要国家都提出有关温室效应应对策略的初步方案。

【拓展阅读】

一、应对气候变化：青年在行动①

青年人是国家的未来，也是民族的未来，在社会中应该起到表率的作用。在应对气候变化当中，青年人同样应该当表率，当引领者。要让青年人更多地认识气候变化，更好地投入减缓、适应气候变化的行动之中，自觉地为节能减排、保护环境、建设美丽家园做贡献。

2014年世界气象日海报

2014年世界气象日的主题是“天气和气候：青年人的参与”。世界气象组织秘书长米歇尔·雅罗说：“青年人是未来中坚……他们有能力推广气候意识，减缓和适应。但为了全面发挥青年人应对气候变化的潜能，我们要能让他们参与到制定和实施那些影响其今天、关乎其明天的政策中来。”在开展了应对气候变化项目的

①资料来源：中国天气网，http://www.weather.com.cn/climate/2014/03/qhbhyw/2077474_3.shtml。

非政府组织（NGO）里，让我们来了解其中的3位工作人员，聊聊他们心目中的应对气候变化与青年人的关系。

香港乐施会 郑琦

2011年9月，结束了3年在法国学习和工作的生活，郑琦回到国内，准备“干点儿接地气的事儿”。

“在法国工作的时候，主要做咨询和政策研究。我还是想在环境发展领域继续研究，有所发展。参加NGO，工作环境会比较宽松，能更快适应国内环境。”郑琦回国后就加入到香港乐施会关于气候变化适应的项目中。

虽然说是回来“接地气”的，但是郑琦似乎没有对贫困地区产生很大观念、生活习惯方面的落差。“每次下农村，我都很兴奋。3月18号到27号，我又要去陕西长武县了，很期待。”

郑琦和其他三位同事组成的项目团队，在2012年8—9月，与陕西农村妇女服务中心合作，基于贫困状况以及陕西省气候变化影响（干旱和洪涝）脆弱区的分布，在7个贫困县选择7个村进行调研，并完成了脆弱性评估报告。2014年，他们将对曾经调研过的长武县的宇家山村实施具体的适应和扶贫措施。

长武县是国家级贫困县，近几年大力推进贫困移民工程。该县亭口镇宇家山村正在进行新村规划。郑琦所在的团队要做的就是和村长、农民沟通，将气候变化适应和低碳的措施纳入到新村规划中。

“我们在前期调研时，让农民一起参与。他们自己画出村里的资源图、农事历（农事活动的时间安排、哪些季节会出现什么灾害）、社区关系图（医疗设施等资源与农民生活的距离）。跟农民讲‘气候变化’，他们可能不太懂。他们也没有意识到他们种田、种树这些农活儿和气候变化有什么关系。我们就让他们谈谈收成情况、降雨情况、怎么施肥、种哪些作物，等等。”郑琦介绍说。一起参与调研的还有中国农业科学院、西北农林科技大学等机构。

经过调研，他们发现这里长期干旱，雨养农业小麦和玉米减产能达到50%。

但近几年又出现了罕见暴雨等极端天气。随着全球变暖，未来这里的天气将更加复杂。

“我们在评估报告里，建议他们引进更能适应气候变化的作物品种，或者能意识到气候变化趋势，采取一些主动适应措施。比如，随着气温升高，苹果的可种植范围扩大了，可以适当增加种植面积。如果农民能利用好变暖的有利趋势，也可以增加收入”，郑琦说。他们还会把报告提交给当地政府。“政府部门也通过我们的调研发现了气候变化与他们工作的关系：帮助农民应对气候变化与发展当地经济、保护当地生态环境紧密相连。”

虽然报告内容清晰明了，但实际情况却复杂很多。比如，这里普遍存在过度施肥的现象，不仅 60% 的化肥浪费掉了，还对土地造成破坏，排放更多温室气体。但这并不是简简单单的“无知”造成的。“村里的年轻人都出去打工了，剩下种田的基本是老人。施肥要每次施少量、次数多，但老人没有那么多的体力这样做。”

郑琦也希望村里能多些年轻人，这样他们推进项目的时候会顺利很多。“年轻人沟通更顺畅，新的观念能更快接受。另外，我们的一些适应措施，也需要掌握更多的新技能的人完成，比如想推动网上交易，老人学会这些比较困难。”

虽然不是刻意挑选，但郑琦周围还是青年人占多数。“也许是出差多，也有理念方面的问题，年轻些的更能接受新生事物”，郑琦说。还有些准备出国的大学生会到乐施会做志愿者，因为国外大学很看重学生的社会事务参与程度，出国前参与了 NGO 活动，有利于他们申请国外大学。虽然目的有点“功利”，但“重在参与”也是 NGO 的精神之一，郑琦觉得只要他们在为保护气候和环境做贡献，就不要过多计较他们的初衷。“这些志愿者里，很多都是出国深造环境、环保、发展等学科的，出国前实践一下也无可厚非。也许他们今后会进入到政府部门、资源公司工作，那么他们有了气候变化视角，总会利于以后整个社会氛围的形成。”郑琦说，她以后也还是准备在相关领域继续深造，但目前，她只想脚踏实地做些事情，把自己“装得满满的”。

青年对气候变化行动网络（CYCAN）　王简

在很多人还不知道能为节能减排做点什么的时候，一些高校里的大学生已经亲身计算学校的碳排放量，并且编制减排方案了。

青年应对气候变化行动网络 2007 年发起了高校节能项目，从校园能耗初步调研发展到如今的碳核算活动，让大学生有机会参与到校园能源管理中，与校方一起推动低碳校园建设。

王简在 2012 年大学毕业后就加入到这个项目中，从一个大学生变身为帮助学生的 NGO 项目官员。“我在大学学的是社会工作学，在大学期间就参加了环保社团，所以毕业以后做这份工作也是很自然的。”王简介绍说。

电话中，王简的声音非常平和。也许是因为要经常在高校“游说”，介绍项目、宣传理念，她讲起项目的事情非常熟练，也非常耐心。“2007 年到 2009 年，我们这个项目已经做了校园能耗调研。2012 年我们联合能源管理专家编写了《校园碳核算攻略》作为教材，在北京大学、北京林业大学建立试点，帮助试点团队完成《校园碳核算报告》，并与试点团队共同分析碳核算数据、评估校园节能减排潜力并形成方案建议，为后续节能减排行动奠定基础。”

今年，这个项目准备在全国 50 所学校中选取 15 所进行技术和资金支持，通过评估，撰写适于高校的减排方案。

和当学生很不同的是，工作中要学会自己解决很多实际问题，而这个过程正是王简从项目中收获最大的。“如何与校方领导老师们沟通、建立合作，是我们现在需要学习的地方，也是我们现在一大难点。有些学校很支持我们的项目，也有学校并不支持。提升我、学生社团与校方领导老师们沟通的能力，争取领导老师支持，我想这不仅有利于提升学生的综合能力，也能帮助学生为未来履行更多社会责任积累经验”，王简说。她觉得 NGO 有自己的“生存之道”：“我们不激进，慢慢跟学校沟通，或者通过培训，先跟学校社团沟通。”

一直听说 NGO 的生存状况不乐观，不过听王简讲自己的工作，完全没有悲观。“不管做什么工作都会遇到困难，我还好，至少是在做自己喜欢的事情。”

这个项目也让参与活动的大学生收获良多。北京林业大学的李嘉仪在项目总结中说："如果你想要得到从未得到过的东西，就要做从未做过的事情。在气候变化如此宏大的命题下，项目给了我一个平台，从观望到行动，作为高校青年亲身参与低碳行动，自己动手去调研，去初步了解专业层面的知识。在北林试点团队成立前，我没有接触过气候变化领域，也不了解学校管理部门。通过在组长的带领下多次和学校不同管理部门沟通，了解了校园节能的方方面面，体会到现阶段不同人群对低碳命题的态度。"

对于青年人参与应对气候变化活动，王简有更多的想法："我觉得应该是政府出政策、企业出技术，这样来鼓励人们参与低碳活动。学生要首先了解现象、掌握技能，进而成长为人才，才能尽个人所能发挥作用。"虽然现在有很多年轻人以享乐为第一要义，但王简还是相信会有更多人参与低碳行动。"像现在雾、霾这么严重，大家都避免不了要接触，所以年轻人都会关心的。"

中国红树林保育联盟　张晓曦

在我国东南部绵长的海岸线上，有种植物在默默守护沿海城市，减小台风、海浪对内陆的侵袭。它的名字就是红树林。而在福建厦门，由 6 个人组成的"中

红树林

国红树林保育联盟”（CMCN）则是红树林的保护者。他们与福建、广东、浙江、海南、广西等地的志愿者们及合作伙伴，通过定期巡视，查看红树林生长情况、有无被破坏。

从2001年组织具备雏形算起，“红树林保育联盟”已经14岁了。从为沿海红树林绘制生长和保护情况的地图，到尝试开展红树林生态恢复，再到建立红树林预警机制，等等，他们的工作一直在波澜不惊地推进。但是近两年，当一些切实的保护措施开始成为项目时，他们的工作遇到了挑战。

2010年加入的张晓曦，现在负责的是“生态预警机制II期”项目。这项工作主要是通过义务巡护员搜集红树林被破坏的情况，分析、归类后，按重要性从低到高划分为黄色、橙色、红色3个预警干预级别。在通过向媒体、当地政府及相关部门反映之后，他们会跟进整改过程，最后面向公众公布一份事件调查过程和处理结果的报告。去年他们在90次巡护过程中，共发现5起红色预警事件、21起橙色预警事件、24起黄色预警事件。

他们面对的往往是比较强势的企业或政府部门，举报破坏行动和监督整改措施，比红树林生存状况调查等工作要面临更多的困难。“我们没有做过行政复议、行政诉讼等工作，也没有法律背景或能力，面对陌生领域多少有些紧张和无从下手的感觉。”2012年，他们首次尝试通过法律途径解决广西防城港的红树林被破坏的事件，最终以他们撤诉结束。

保护红树林的工作表面上看仅仅是“游走”在风景如画的地方，实际上加班也很经常。“我们的工作时间是一天7小时每周5天，但所有的同事实际的工作时间都会超出很多。除了需要完成工作而加班外，更多的是要阅读相关的行业资讯，思考怎么让自己的项目做得更好。这样算下来，我们用在工作上的时间可能比别人要多一半吧。”但即使是这样，面对辛苦还带有几分危险的工作，张晓曦也不愿意贴上“高尚”的标签。

“我小的时候，在家乡有很多机会亲近自然，可以在院子里种花种菜，养鸡养鸭。大学时加入学校的环保社团，开始更多的学习和了解环境议题。毕业后一年辞了第一份工作，恰好看到 CMCN 在招聘，于是就申请加入了。我们机构的工作人员也大多有相似的经历，热爱自然，大学加入环保社团或参加过环保活动，毕业求职的时候选择环保组织。”张晓曦不觉得自己有多崇高，只是觉得似乎选择这个是种“必然”。

现在支撑她的反倒是“享乐”精神：“我认识的 NGO 的年轻人并不比其他人更无私善良、更富于责任心，他们更多是在这份工作中找到快乐。”她说，“如果没有这份乐趣，成就感和责任感只会让我疲惫。”

2013 年，CMCN 组织生态修复活动 33 次，参与志愿者 1177 人次，共植红树苗 171560 株；他们的保护行动获得国内外媒体 42 次报道；获得捐赠款项超过一百万；他们在三亚、海口、湛江等地举办了数十次宣讲、科普活动……他们是否更高尚暂且不论，至少他们的蓬勃生命力让我们看到一个时代的光芒。正如米歇尔·雅罗说的：“气候变化使我们愈加不确定自己的未来……我们子孙后代面临的挑战异常巨大，同时，他们应对挑战的机遇也十分空前。”

二、吉登斯悖论

吉登斯悖论主要指这样一种困境：气候变化问题尽管是一个结果非常严重的问题，但是对于大多数民众来说，由于它在日常生活中不可见、不直接，因此，在人们的日常生活中很少被纳入短期考虑的范围。悖论在于，一旦气候变化的后果变得严重、可见和具体，我们就不再有行动的余地了，因为一切都太晚了。当然，不是说我们现在就处于这样一种悖论中，而是说如果我们再不把气候变化问题有效地纳入政策议程，那真的将会出现这种悖论的情形。

三、抢先适应

气候变化的政治概念框架所涉及的大部分概念都既适用于“适应”，也适应于“减轻”的情形。抢先适应的含义在于，认识到气候变化问题在未来不可避免地会变得更加严重，我们在采取措施减缓气候变化的同时，还必须积极去适应由此将带来的问题。抢先适应要求以一种长远的思维考虑未来气候变化将给我们带来的后果，从而积极采取预防措施。例如，在住房建设方面，我们可以建立低能源消耗的住房，这种住房在屋顶和正面都安装太阳能面板，使之能充分地利用太阳能，减少化石燃料的使用，同时有效地减少火灾。政府在长远政策规划和资金安排上必须充分考虑这些方面。对于未来 10 ~ 15 年的潜在风险，政府必须在今天就着手进行预防，尽可能限制可能出现的风险。抢先适应的含义在于不是等到风险已经出现以后才着手应对，而是必须有超前和长远的思维，尽早着手，建立相应的责任机制。这一点在应对未来的极端天气状况方面非常必要。

【唇枪舌剑】

有人认为气候议题是一个“阴谋”。

2007 年，英国 BBC 纪录片《全球变暖大骗局》大唱反调，认为 20 世纪 40 年代到 70 年代末，二氧化碳排放暴涨，但全球平均气温比 1880—1940 年低，地球变暖与二氧化碳未必有什么必然联系；人造卫星对高层大气的温度测量也没有发现变暖趋势。“全球变暖说”背后是一个价值惊人的全球产业，它由环境主义者制造，由科学家来兜售并筹资，居然获得了政治家和媒体的支持。2009 年哥本哈根会议前夕，有黑客侵入英国东英吉利大学气候研究部门的邮件系统，文件显示有人操纵数据以支持气候变暖的结论，而主角正是 IPCC 的成员。“气候门”事件闹得沸沸扬扬，被指“存在选择性地采用数据的问题”。人为操控的做法令人联想到金融骗局，有的论者干脆认为气候议题不过是西方设计的阴谋，目的是阻扰发展中国家的工业化进程。

你认为这种看法是否正确？

【资料推荐】

1. 中国天气网“气候变化”栏目 http://www.weather.com.cn/climate/

2.2015 巴黎气候大会 http://tech.gmw.cn/node_79994.htm

参考文献

包云，马广仁．2012. 中国湿地报告．北京：中国林业出版社．

陈澄．2007. 地理教学参考资料．上海：上海教育出版社．

陈立奇，赵进平，卞林根，等．2003. 影响北极地区迅速变化的一些关键过程研究．极地研究，（4）：283–302.

丁一汇．2010. 气候变化．北京：气象出版社．

方修琦，余卫红．2002. 物候对全球变暖响应的研究综述．地理科学进展，17（5）：714–719.

国家气象局．1993. 农业气象观测规范（上卷）．北京：气象出版社．

姜文来，袁军．2004. 湿地．北京：气象出版社．

李敏霞，牛冬杰．2011. 湿地生态系统碳平衡及碳核算方法综述．四川环境，30(1)：133–138.

梁玮，伍杰，李衡延，等．2014. PVCBOT 超简单机器人设计与制作．北京：人民邮电出版社．

刘淑兰．2010. 浙江省自然物侯与气候变化关系研究．乌鲁木齐：新疆农业大学．

陆健健，何文珊，童春富，等．2006. 湿地生态学．北京：高等教育出版社．

陆龙骅．2007. 极地影响全球气候．百科知识，（4）：10–12.

穆献中，刘炳文．2009. 新能源与可再生能源发展与产业化研究．北京：石油工业出版社．

王介民，高峰．2004. 关于地表反照率遥感反演的几个问题．遥感技术与应用，19（5）：295–300.

魏立新 . 2004. 北极海冰变化及其气候效应研究 . 青岛: 中国海洋大学 .

魏立新，张占海 . 2007. 北极海冰变化特征分析 . 海洋预报，24（4）: 42–48.

吴丰林，方创琳 . 2009. 中国风能资源价值评估与开发阶段划分研究 . 自然资源学报，24（8）: 1412–1421.

新华网 . 2015. 强化应对气候变化行动——中国国家自主贡献 [EB/OL].（2015–06–30）[2016–01–12]. http://news. xinhuanet. com/2015–06/30/c_1115774759. htm.

徐雨晴，陆佩玲，于强 . 2005. 近 50 年北京树木物候对气候变化的响应 . 地理研究，24（3）: 412–420.

颜其德 . 2008. 南极——全球气候变暖的“寒暑表”. 自然杂志，30（5）: 259–261.

张福春 . 1995. 气候变化对中国木本植物物候的可能影响 . 地理学报，(5): 402–410.

赵林，殷鸣放，陈晓非，等 . 2008. 森林碳汇研究的计量方法及研究现状综述 . 西北林学院学报，(1): 59–63.

郑景云，葛全胜，赵会霞 . 2003. 近 40 年中国植物物候对气候变化的响应研究 . 中国农业气象，24（1）: 28–32.

中国科学院自然科学史研究所地学史组 . 1984. 中国古代地理学史 . 北京：科学出版社 .

中国天气网 . 2013. 北极升温显著诱发北半球寒潮？——北极海冰融化及其影响的几个未解之谜 [EB/OL]. (2013–01–17)[2016–01–12]. http://www. weather. com. cn/climate/qhbhyw/01/1778505. shtml.

竺可桢，宛敏渭 . 1963. 物候学 . 北京：科学普及出版社 .

竺可桢 . 1979. 中国古代的物候知识 // 竺可桢 . 竺可桢文集 . 北京：科学出版社 .

Everett J T，Fitzharris B B. 1997. The Arctic and the Antarctic// Watson R T，Zinyowera M C，Moss R H，et al. The Regional Impacts of Climate Change：An Assessment of Vulnerability. UK：Cambridge University Press.

Kattsov V M，Walsh J E. 2000. Twentieth–Century Trends of Arctic Precipitation from Observational Data and a Climate Model Simulation. Journal of Climate, 13(8):1362–1370.

Mclaughlin F A, Carmack E C, Macdonald R W, et al. 2004. The joint roles of Pacific and Atlantic–origin waters in the Canada Basin, 1997–1998. Deep Sea Research Part I Oceanographic Research Papers , 51(1):107–128.

Rothrock D A, Yu Y, Maykut G A. 1999. Thinning of the Arctic sea–ice cover. Geophysical Research Letters, 26(23):3469–3472.